# Razões
## para uma vida
# MELHOR

EDITORA
EME

Solicite nosso catálogo completo, com mais de 300 títulos, onde você encontra as melhores opções do bom livro espírita: literatura infantojuvenil, contos, obras biográficas e de autoajuda, mensagens espirituais, romances palpitantes, estudos doutrinários, obras básicas de Allan Kardec, e mais os esclarecedores cursos e estudos para aplicação no centro espírita - iniciação, mediunidade, reuniões mediúnicas, oratória, desobsessão, fluidos e passes. E caso não encontre os nossos livros na livraria de sua preferência, solicite o endereço de nosso distribuidor mais próximo de você.

*Edição e distribuição*

**EDITORA EME**

Caixa Postal 1820 - CEP 13360-000 - Capivari - SP
Telefones: (19) 3491-7000/3491-5449
vendas@editoraeme.com.br - www.editoraeme.com.br

RICARDO ORESTES FORNI

Autor de *Bom dia mesmo!*
e *Mãe, estou aqui!*

# Razões para uma vida MELHOR

Capivari-SP
– 2013 –

Os direitos autorais desta obra foram cedidos pelo autor para a Editora EME, o que propicia a venda dos livros com preços mais acessíveis e a manutenção de campanhas com preços especiais a Clubes do Livro de todo o Brasil.

A Editora EME mantém, ainda, o Centro Espírita "Mensagem de Esperança", colabora na manutenção da Comunidade Psicossomática Nova Consciência (clínica masculina para tratamento da dependência química), e patrocina, junto com outras empresas, a Central de Educação e Atendimento da Criança (Casa da Criança), em Capivari-SP.

1ª edição - agosto/2013 - 4.000 exemplares

CAPA | Abner de Almeida
DIAGRAMAÇÃO | Victor Augusto Benatti
REVISÃO | Rubens Toledo

Ficha catalográfica elaborada na editora

Forni, Ricardo Orestes, 1947-
Razões para uma vida melhor / Ricardo Orestes Forni - 1ª ed. ago. 2013 - Capivari, SP : Editora EME.
184 p.

ISBN 978-85-66805-10-9

1. Espiritismo. 2. Fatos reais. 3. Histórias de superação. I. Título.

CDD 133.9

# Sumário

# I

# Viver bem ou bem viver?

SE NÓS VAMOS CONVERSAR sobre uma vida melhor, é justo primeiro conceituar o que seja essa vida melhor, não é mesmo?

O que seria mais correto: viver bem ou bem viver?

Essa colocação não é um mero jogo de palavras. O sentido muda completamente. Na realidade são posições muito diversas diante da vida. Viver bem é o que a maioria da Humanidade busca. Mais dinheiro nos bancos, mais alqueires de terra, maior posição social, mais casas de aluguel. É preciso - diz a maioria - aproveitar a vida, por que ela é uma só.

Nessa linha de raciocínio é indispensável tirar férias, viajar pelo mundo, comer bem, morar bem, satisfazer ao máximo nossos desejos porque o tempo voa.

Já bem viver é totalmente diferente. Como ensina Joanna de Ângelis no livro *Vida: desafios e soluções*, psicografia de Divaldo P. Franco, "a fatalidade existencial deixa de ser viver bem, que é uma das metas humanas, para bem viver. Esta, sim, uma conquista pessoal intransferível, especial, que jamais se altera ou se perde, fomentando felicidade e trabalhando pela paz que todos almejam".

Diante da explicação magnífica da venerável mentora espiritual, podemos dizer que Chico Xavier, Irmã Dulce, Madre Teresa de Calcutá bem viveram. Já que evocamos a figura do médium de Pedro Leopoldo, MG, cabe lembrar o ensinamento que deixou para todos nós:

*O Criador nos fez ricos a todos, sem exceção, porque a riqueza autêntica, a nosso ver, procede do trabalho, e todos nós, de uma forma ou de outra, podemos trabalhar e servir. Quanto à felicidade, cremos que ela nasce na paz da consciência tranquila pelo dever cumprido. E cresce no íntimo de cada pessoa à medida que ela procura fazer a felicidade dos outros, sem pedir felicidade para si própria.*

Chico, como bom mineiro, trabalhava, e muito, em silêncio. A fórmula do bem viver é aquela que convida para que saiamos da vida egoísta onde somos o centro de tudo. A fórmula do bem viver é exatamente aquela onde os outros passam a ser o centro das nossas atenções. Quanto mais nos preocupamos com o semelhante, mais a Providência Divina se preocupa conosco.

Joanna de Ângelis, no mesmo livro citado anteriormente, esclarece que uma existência feliz não é, necessariamente, aquela que se faz breve ou larga, mas sim aquela que se transforma em mensagem de alegria e bem-estar para a própria pessoa, bem como para todos aqueles que a cercam.

Cada existência - continua ensinando Joanna - é uma mensagem, cujo conteúdo deve ser positivo, de forma que dignifique outras, enriquecendo-as de esperança. A doença, os problemas, não são aspectos de infelicidade, porém convites do organismo e da vida para dizer que é necessário estar lúcido e consciente.

Lembro-me de uma entrevistadora de televisão famosa que disse a Divaldo que ele não aparentava - como realmente não aparenta - a idade que tem. Ele, que sabe bem viver, respondeu que assim acontecia porque tinha alegria em viver, bem vivendo, evidentemente. Pessoalmente vi Divaldo nos seus oitenta e alguns anos subir lépido uma escada que o conduzia à tribuna de onde proferiu sua palestra. São frutos que o bem viver proporciona àquele que faz opção por esse estilo de vida aqui na Terra. Você não gostaria de ser assim também?

Quando nos referimos a reflexões para uma vida melhor nos referimos a essa opção de vida, a do bem viver. E não aquela onde a pessoa se transforma no foco do Universo, se preocupando apenas em viver bem.

Dessa maneira, convido você, ao longo da leitura destas páginas, a refletir no bem viver. Esse jeito de ser que tantos Espíritos luminares nos ensinaram em seu trânsito pela escola da Terra.

# II

# O cego e o poeta

LI PELA INTERNET UMA PÁGINA muito bonita que divido com você. Infelizmente não constava o seu autor, que deve ser uma alma de grande sensibilidade.

Dizem que Paris, capital francesa, fica extremamente linda na primavera. Flores as mais variadas enfeitam as praças públicas. Árvores frondosas exibem a copa exuberante de um verde-esmeralda que brilha plena de vida sob os raios solares. O céu azul contempla lá de cima toda essa beleza que se instala na primavera parisiense deslumbrando a todos com o espetáculo da Natureza.

Nessa paisagem, um cego esmolava exibindo um cartaz para ele confeccionado onde as pessoas que passavam podiam ler os dizeres: *Sou cego. Uma esmola, por favor*.

Ele, de mãos estendidas, segurando o cartaz com uma delas, esperava a caridade pública das pessoas que por ali passavam com muita pressa e pouca sensibilidade para com aquele ser humano.

No final da tarde, um poeta se aproximou do homem que pedia com o cartaz na mão, e observou que poucas moedas de baixo valor haviam sido depositadas em uma lata vazia destinada a recebê-las.

O poeta leu o cartaz, passou a mão pelo rosto, olhou toda a beleza da paisagem que cercava o local e pediu ao cego a autorização para modificar o cartaz que ele exibia e depois partiu. Prometeu que voltaria no final da tarde seguinte.

Ao retornar, observou que o cego estava feliz, e o recipiente, destinado às moedas, transbordava de donativos que representavam um valor muito melhor do que o recolhido no dia anterior.

O poeta cumprimentou o cego e revelou a ele que a quantidade de dinheiro recolhido havia sido muito maior. O homem que esmolava teve o interesse de perguntar ao poeta o que ele havia escrito no cartaz para que o auxílio financeiro que pedia tivesse sofrido tanta melhora.

O poeta disse que tinha escrito a mesma coisa que estava no cartaz anterior, ou seja, os dizeres pediam a colaboração das pessoas que por ali passassem. Devido à insistência do cego em saber exatamente o que o poeta escrevera e que dera tanto resultado, o homem leu em voz alta o novo cartaz: *É primavera em Paris. E eu não posso vê-la!*

A inteligência do poeta havia retirado do cartaz anterior a "taxa de sombra" que as palavras "esmola" e "cego" transmitiam. Atraídos por essa nova forma de pedir auxílio, os transeuntes passaram a socorrer o necessitado de maneira muito mais efetiva.

Emmanuel, no livro *Rumo certo*, tem exatamente uma página intitulada "Taxa de sombra", onde ele nos explica que acrescentamos aos problemas da vida uma taxa de sofrimento a mais do que realmente existe. Vejamos o que ensina o benfeitor espiritual:

*Em matéria de tribulações, será justo salientar a taxa de sombra que, comumente, adicionamos à carga de provas salvadoras e regenerativas que, para nosso próprio benefício, a vida nos deu a carregar?*

*Referimo-nos, sobretudo, ao sofrimento criado por nossas próprias atitudes de não aceitação diante da vida.*

*Teremos renascido na Terra com determinado problema físico ou psicológico...*

*Se o admitimos por lição amiga ou controle edificante, para logo se transforma em bênção de auxílio, ao invés de persistir conosco por empeço a complicar.*

*Provavelmente no mundo teremos recebido parentes difíceis...*

*Se os abraçamos à conta de companheiros destinados a experimentar-nos a paciência e a ternura, para breve se transfiguram em tesouros de sentimento.*

*Sofremos doenças...*

*Se as acolhemos por ensinamentos justos da vida, elas se transfiguram em cursos de educação.*

*Quando a provação nos visite – lição preciosa e natural na escola da Vida –, aceitemos o que sejamos e sirvamos com tudo aquilo de que possamos dispor, a benefício do pró-*

*ximo, com serenidade e compreensão, e estaremos livres da taxa de desespero que, em qualquer sofrimento, é sofrimento muito maior.*

Emmanuel tem toda a razão quando afirma que agravamos os problemas que nos visitam acrescentando uma taxa de sombra às aflições. Por exemplo, a pessoa bate a ponta do dedo do pé num móvel e passa o dia inteiro comentando: "Bati o pé na cadeira e doeu tanto que vi estrelas!"... E passa o dia comentando com quem encontra o pequeno acidente de sua vida, esquecendo--se que, naquele mesmo instante, tantas pessoas se debatem com dores promovidas por doenças incuráveis. Está acrescendo uma taxa de sombra ao pequeno acontecimento de ter batido o pé em um obstáculo.

Outras vezes, alguém faz uma viagem de ônibus para um local distante e transforma em tragédia as horas que ficou dentro do veículo, comentando: "Fiz uma viagem tão cansativa que cheguei moída, sem ânimo para nada!" Esquece que muitas pessoas viajam de cadeiras de rodas por toda uma existência. Com essa atitude está acrescentando a taxa de sombras, a que se refere Emmanuel, aos pequeninos problemas da vida.

Pense nos raios solares e sua luz quando os insignificantes acidentes do dia a dia se fizerem presentes em sua estrada, eliminando a taxa de sombras em favor da luz da resignação que te abençoará a caminhada pela escola da Terra.

# III

# Tocando o céu

A VENERÁVEL BENFEITORA ESPIRITUAL Joanna de Ângelis conta-nos, no livro *Vida: desafios e soluções,* que Mahatma Gandhi, Espírito de elevação superior à média dos atuais habitantes do planeta Terra, em uma de suas habituais viagens a Londres, deteve-se a contemplar os objetos expostos, ricos e agradáveis aos olhos das pessoas que por ali transitavam rumo aos seus mais variados destinos.

Gandhi demorava-se a examiná-los e sorria de prazer. Essa atitude, porém, era inabitual naquela grande figura humana que renunciara a todas as coisas do mundo. Tão inabitual que os membros da comitiva inglesa que o recepcionavam, procurando ser agradáveis a ele, acercaram-se e disseram:

- Se o Mahatma tem interesse por algum desses objetos, teremos prazer de, em nome de Sua Majestade, oferecer-lhe, o que nos constituirá uma honra.

A resposta, mais uma vez, confirmou o desapego daquele nobre Espírito às coisas materiais. Com toda a humildade, sem nenhum desdém ou menosprezo, respondeu, sorrindo:

– Estou feliz ao olhá-los, e verificar quanta coisa eu já não necessito.

Dependendo de nossas exigências, dependendo de nossos horizontes, podemos tocar o nosso céu a partir de agora, do instante atual. Não falamos evidentemente, do céu teológico para onde as almas boas seriam direcionadas. Simplesmente é impossível que os bons ficassem contemplando desse céu improdutivo aqueles seres amados que estivessem no inferno, como se aquele que é bom pudesse usufruir da felicidade egoísta enquanto contemplasse a infelicidade daqueles a quem verdadeiramente amou.

No livro *O Céu e O Inferno*, Allan Kardec, o codificador do espiritismo, faz o seguinte raciocínio: *Se Deus tudo sabe antes que as coisas aconteçam, ao criar um Espírito, Ele já saberia se esse Espírito iria para o inferno. Ora, se mesmo assim o Criador insistisse na criação desse ser destinado ao sofrimento eterno, Ele não seria a bondade infinita, porque, quem ama profundamente não deseja o mal para o ser amado. Portanto, de duas, uma: ou o inferno não existe, ou Deus não é infinitamente bom.*

Qual alternativa você prefere? Tem mais: quando Kardec indaga dos Espíritos sobre esse local das penas ou gozos eternos, estes deixam muito claro que as penas e os gozos são inerentes ao grau de perfeição de cada um. Cada ser possui em si mesmo o princípio de sua própria felicidade (céu) ou infelicidade (inferno). Portanto, céu ou inferno estão por toda parte dentro de nossa consciência e não em algum lugar do espaço infinito, circunscrito, fechado, onde os filhos de Deus, que é Amor, sofressem eternamente.

Falamos do céu daqueles que veem nos problemas enfrentados, nos desafios da vida e nas soluções corajosamente conquistadas, exatamente o caminho para entrar na posse do céu de suas vitórias valente e arduamente alcançadas.

Acham isso impossível? Pois, então, vamos a uma história real sobre alguém que tocou o seu céu, vencendo dificuldades consideradas, pela maioria, como intransponíveis. Digitando o nome da personagem, você poderá encontrar vários *sites* na Internet.

Jessica Cox foi uma menina que nasceu sem os braços. Isso mesmo, sem os braços! Hoje ela é formada em Psicologia pela Universidade do Arizona. Quando pequenina, sofreu muito, porque não entendia a falta dos braços, quando todos tinham as mãos. Mesmo assim estudou balé, praticou esportes e foi aprendendo a utilizar os membros inferiores como se fossem os seus braços. Ficava muito aborrecida quando as pessoas olhavam para ela, em público, principalmente se arriscava a comer alguma coisa com os pés.

Os pais de Jessica, entretanto, sempre a incentivaram. A mãe dizia que ela poderia alcançar tudo o que desejasse. O pai nunca derramou uma lágrima por vê-la deficiente física porque não enxergava a filha como uma inválida.

E Jessica foi crescendo e superando suas limitações.

Superou tanto, que hoje (2013), aos 26 anos e com 1,55m de altura, penteia os próprios cabelos, maquia-se (você é capaz de imaginar uma mulher sem os braços, pintando o próprio rosto?), coloca as próprias lentes de contato! Isso mesmo. Coloca suas lentes de contato com os pés! No posto de gasolina ela enche o tanque do carro, sem ajuda de ninguém.

Sim! Jessica conseguiu autorização para dirigir carro adaptado, e essa adaptação foi tão espetacular que consegue dirigir um carro normal. Apenas com os pés! É demais, não é? Só que não é tudo. Como dissemos no início, Jessica é um exemplo daqueles que conseguiram tocar o céu. Sabem como? Conseguiu pilotar avião de pequeno porte, com os pés!

Na data em que se comemora o *Dia das Mães*, Jessica Cox voou com uma faixa que dizia: *Mira, mamá. Sin manos!*

Será que nós, espíritas, teríamos a força da Jessica? Nós que aprendemos, em O *Evangelho segundo o Espiritismo,* como se processa a magnânima Justiça Divina?

Vamos recordar um trecho?

*Entretanto, em virtude do axioma de que todo efeito tem uma causa, essas misérias são efeitos que devem ter uma causa e, desde que se admita um Deus justo, essa causa deve ser justa. Ora, a causa precedendo sempre o efeito, uma vez que não está na vida atual, deve ser anterior a ela, quer dizer, pertencer a uma existência precedente. Por outro lado, Deus não podendo punir pelo bem que se fez, nem pelo mal que não se fez, se somos punidos, é porque fizemos o mal; se não fizemos o mal nesta vida, o fizemos numa outra. É uma alternativa da qual é impossível escapar, e na qual a lógica diz de que lado está a justiça de Deus.*

Sabemos que Deus não pune, mas educa-nos quando erramos. Do que foi explicado, quando estamos sendo educados através dos problemas da existência é porque realizamos a má semeadura em alguma ocasião, na presente ou em passadas existências. Pode ocorrer também que o próprio Espírito solicite as dificuldades para que, através delas, aprenda as lições de que tenha necessidade.

Diante das pequeninas dificuldades da existência, e sabendo do exemplo dessa garota, estaremos tendo a força de Jessica, pegando o "avião" de nossa existência e tocando o "céu" daqueles que sofrem e vencem sem blasfemar contra a vida ou contra Deus?

IV

# Opção pela vida

VAMOS CONTAR A HISTÓRIA REAL de uma jovem chilena que, passando por dificuldades terríveis, fez a opção pela vida. Enquanto isso, eu peço ao leitor que vá fazendo um relatório mental de sua existência para verificar, daqui a poucas linhas, qual terá sido sua opção. O acontecimento foi narrado pela revista *Seleções do Reader's Digest*, edição de agosto de 2009. O nome da nossa heroína? Daniela. Uma jovem muito bonita, chilena de nascimento. Filha de pais bem situados financeiramente e que proporcionavam também um ambiente amoroso no lar.

Daniela levava uma vida saudável. Atlética, animada, cursava a Faculdade de Medicina de seu país. Aliás, das 16 escolas do país, essa era a mais exigente na aceitação de alunos. No ano de 2002, Daniela cursava o quarto ano e namorava firme. O rapaz, bonito, praticava junto com ela os esportes preferidos dos dois.

A cada ano, cerca de 1.500 estudantes participavam de quatro dias de competições de vôlei, basquete, natação, tênis e futebol. Eram os Jogos Escolares Intermédicos. Naquele ano, a sede dos jogos seria uma cidade de 260 mil habitantes, Temuco, situada a 670 quilômetros ao sul de Santiago, cidade onde Daniela morava.

Ela não sabia se participaria porque estava preocupada com uma prova de Dermatologia que se aproximava. Além disso, uma de suas melhores amigas não iria. Até a cidade-sede, Temuco, a viagem demandava nove horas no trem noturno. E, fato curioso e estranho: Daniela sentia uma apreensão atípica, inabitual e persistente em relação à viagem.

Aqui nos detemos um pouco na narrativa do que aconteceu à bela Daniela para recordar o que a doutrina espírita nos fala em relação a pressentimentos, como os que a jovem estava vivendo em seu íntimo.

Na questão 522 de *O Livro dos Espíritos*, Kardec interroga a equipe espiritual se o pressentimento é sempre uma advertência do Espírito protetor.

– *O pressentimento é o conselho íntimo e oculto de um Espírito que vos quer bem. Está também na intuição da escolha que se fez e é a voz do instinto. O Espírito, antes de encarnar, tem conhecimento das principais fases de sua existência, quer dizer, do gênero de provas nas quais se obriga. Quando estas têm um caráter marcante, ele conserva, no seu foro íntimo, uma espécie de impressão, que é a voz do instinto, despertando quando o momento se aproxima, como pressentimento.*

Você poderá estar perguntando se a jovem chilena Daniela é espírita. Eu pergunto: que importância tem isso? Afinal, os Espíritos existem e convivem conosco independentemente da nossa crença ou não. Dependem eles para existir e nos influenciarem que sejamos espíritas, ou os Espíritos protetores trabalham em nome de Deus sem se importarem com a nossa religião?

O fato é que Daniela alimentava uma inquietação interior desconhecida até então. Durante dias os colegas de classe insistiram com ela para que fosse aos jogos. Precisavam do talento dela para defender o nome da Universidade que frequentavam. Finalmente a jovem cedeu.

Estaria tudo marcado pelo destino? A fatalidade é que dirige as nossas vidas? Se assim é, para que serve o livre-arbítrio que Deus concedeu aos seres vivos portadores de razão? Foi essa a pergunta de Kardec dirigida aos Espíritos na questão 851 da mesma obra.

E a resposta obtida pelo codificador diz que a fatalidade não existe senão pela escolha que fez o Espírito em, uma vez encarnando, suportar tal ou tal prova. Feita a escolha - continuam os Espíritos a ensinar –, o ser reencarnante faz uma espécie de destino, que é a consequência mesma da posição em que se encontra.

Na questão 853, os Espíritos afirmam que nada há de fatal a não ser o instante da morte. *Quando esse momento chega, seja por um meio ou por outro, não podeis dele vos livrar,* ensinam os benfeitores. Exceção a essa regra é o ato infeliz do suicídio. Como ninguém reencarna com a determinação de tirar a própria vida, a morte através do suicídio nunca pertence ao reino das fatalidades, mas sim a uma decisão da própria pessoa, com atenuantes e agravantes contidos em cada caso.

Mas, teria o momento de Daniela chegado e por isso ela estaria com os pressentimentos ruins que a invadiam? Vamos ver logo na sequência.

Quando a jovem chegou naquela noite na estação ferroviária para embarcar em direção a Temuco, sede dos Jogos Intermédicos, a apreensão aumentou. Trens extras foram colocados para levar as centenas de jovens que participariam, trazendo, por essa razão, vagões antigos de volta à linha férrea.

Daniela não gostava do que via: janelas sujas, tinta descascada e lâmpadas queimadas e quebradas. O coração dela ficou mais apreensivo ainda. "Relaxe", disse a si mesma. "A viagem será segura e tudo acabará bem."

Assim que o trem iniciou a viagem, os jovens começaram a cantar, tocando violão, e a dançar. Festa e alegria. "Dance conosco" - convidavam os amigos. Mas Daniela, embora adorasse dançar, naquela noite mantinha-se em seu lugar, sentada próxima à janela. Pouco mais de uma hora transcorrida naquele ambiente alegre, ela foi convidada a ir a outros vagões em busca de pessoas conhecidas.

Ao atravessar de um vagão para outro, um dos amigos ficou na frente e outro atrás dela. As luzes do teto estavam apagadas e a noite era escura. O amigo da frente, que era alto, passou facilmente de um vagão para o seguinte. Daniela, de estatura bem menor e com pernas menores, não conseguiu cobrir o espaço entre os dois vagões. A tampa de ligação entre os carros, que deveria estar abaixada, foi esquecida levantada.

Dani, ao dar o passo, numa curva do comboio, sentiu-se como tragada pelo buraco de um alçapão que se abria sob os seus pés. Puxada de um lado para o outro, a moça, com a rapidez de um relâmpago que cortasse o céu em noite escura, viu-se deitada no meio dos trilhos sem entender bem o que tinha acontecido. Não sentia dor, mas havia cabelo e algo quente e grudento em seu rosto - o sangue de um pequeno corte acima do olho esquerdo. Ela ergueu a mão esquerda para tirar o cabelo dos olhos; entretanto, não conseguiu. Tentou novamente e... Novo fracasso.

O que estaria acontecendo?

Daniela ergueu um pouco a cabeça e viu uma cena de horror: metade do seu braço, todo o antebraço e a mão esquerda tinham sumido! Imediatamente voltou-se para o outro membro: a mão e o antebraço direito haviam sido amputados! Tentou mexer-se, e uma onda de dor percorreu-lhe o corpo.

Outra cena de horror: a perna esquerda fora amputada entre o quadril e o joelho; a direita sumira do joelho para baixo! Ficara reduzida a um pedaço de gente, e a hemorragia era muito grande. Como ainda se encontrava sobre os dormentes dos trilhos, procurou sair daquela situação já que um outro trem poderia passar por ali a qualquer momento e não a veria na escuridão da noite. Apesar dos graves ferimentos e sem a ajuda das pernas e braços amputados, conseguiu mexer-se e colocar-se para fora dos trilhos.

Separada dos trilhos onde caíra, havia outra linha

que fazia o sentido inverso. Estava presa, portanto, entre os trilhos que iam para o Norte e os que iam para o Sul. De um lado, uma vegetação rasteira; do outro, vislumbrava uma luz de algum local habitado. Começou a gritar por socorro reunindo as forças de que dispunha.

Você acredita em Espíritos protetores? Então vejamos o que a doutrina nos ensina sobre eles.

Questão 489 - Há Espíritos que se ligam a um indivíduo em particular para protegê-lo?

- *Sim, o irmão espiritual, a quem chamais bom Espírito ou bom gênio.*

Questão 490 - Que se deve entender por anjo guardião?

- *O Espírito protetor de uma ordem elevada.*

Questão 492 - O Espírito protetor liga-se ao indivíduo depois do seu nascimento?

- *Depois do nascimento e até a morte... A doutrina dos anjos guardiães, velando sobre seus protegidos, malgrado a distância que separa os mundos, não tem nada que deva surpreender. É, ao contrário, grande e sublime. Não vemos sobre a Terra um pai velar sobre seu filho e, ainda que esteja longe, ajudá-lo com seus conselhos por correspondência? Que haverá, então, de espantoso em que os Espíritos possam guiar aqueles que tomaram sob sua proteção, de um mundo a outro, visto que, para eles, a distância que separa os mundos é menor que a que separa, sobre a Terra, os continentes? Não têm eles, por outro lado, o fluido universal que liga todos os mundos e os torna solidários, veículo imenso da transmissão dos pensamentos, como o ar é para nós o veículo da transmissão do som?*

Se Daniela tinha dúvidas, creio que já não tem mais. Quando começou a gritar por socorro, um trabalhador rural que fumava um cigarro no ar quente daquela noite, fatídica para Daniela, passeava pelos trilhos, como estava acostumado a fazer, porque a mulher não o deixava fumar dentro de casa.

- Não se mexa, vou buscar ajuda!

Ao ouvir a voz daquele homem em resposta ao seu pedido de socorro, pensou consigo mesma: "Não posso perder a fé!"

Segundo Joanna de Ângelis, fé é a força que se irradia como energia operante e, por isso, consegue remover as montanhas das dificuldades, consegue remover as arestas dos conflitos, consegue minar as resistências que se opõem à marcha do progresso.

Essa disposição íntima de Daniela facilitava a ação do seu Espírito protetor e do trabalhador rural que se pôs em desabalada carreira em busca do socorro.

A equipe de socorro chegou rápido ao local e colocou em andamento os procedimentos de emergência que visavam salvar a vida da vítima. Colocaram torniquetes nos membros amputados para estancar a hemorragia; colar, para proteger a coluna cervical, e deitaram a jovem na maca. Quando tudo parecia resolvido, eis que ouviram um ruído. E os trilhos de trem em sentido contrário começaram a vibrar cada vez mais intensamente. Era uma locomotiva em sentido oposto.

Não havia tempo de remover a maca com Daniela sobre ela. Só houve tempo para que os socorristas se retirassem, e o trem passou jogando uma forte lufada de vento no corpo dela. Mas ela sobrevivera de novo! Finalmente, foi removida para um hospital, que lhe proporcionou todo o socorro necessário. Lutou e venceu após um mês e meio de batalhas. Durante a recuperação, Daniela experimentava nos membros amputados a chamada "dor fantasma" e outras sensações estranhas, já que os membros destruídos não existiam mais.

O Espiritismo demonstra que o ser, enquanto encarnado, é formado de corpo, espírito e perispírito. Assim, embora o corpo estivesse mutilado, Daniela conservava seu corpo espiritual, o que justificava as sensações físicas nos membros amputados (um enigma, por enquanto, para a Ciência oficial).

Uma prova disso? As dores de Daniela não respondiam bem aos analgésicos utilizados. Alcançaram melhora através da meditação e o *reiki,* terapia japonesa que manipula os campos de energia do corpo. Esses campos de energia não seriam os mesmos apresentados pelo dr. Hernani Guimarães Andrade no seu Modelo Organizador Biológico?

Após esse período de internação hospitalar, o pai de Daniela levou-a para uma clínica de reabilitação nos Estados Unidos, denominada Instituto Moss, da Universidade Albert Einstein, perto de Filadélfia, Pensilvânia.

Em lugar dos braços amputados, ela recebeu uma prótese em forma de gancho prateado. Para os membros inferiores, duas pernas artificiais de alta tecnologia. Daniela aprendeu a movimentar os músculos das costas para abrir e fechar os ganchos em lugar das mãos. Aprendeu tão bem que reaprendeu a dirigir carro adaptado e, até mesmo, maquiar-se, pegar uma caneta, tricotar e remover um fio de cabelo que ficasse sobre uma roupa. Em relação às pernas artificiais, ela também se saiu muito bem, a ponto de andar novamente de bicicleta!

Poderia novamente passear com o namorado como nos velhos tempos. As vitórias foram se sucedendo, e ela comentou com a mãe como era estranho que algo tão ruim como o acidente pudesse trazer tantas coisas boas e como, de uma tristeza, pudesse extrair e vivenciar tantas alegrias!

Quase um ano depois do acidente, Dani voltou à Faculdade e formou-se médica, dedicando-se ao setor de reabilitação de portadores de deficiência física como ela. Lembrava-se bem das palavras do seu médico nos Estados Unidos:

– Você sempre sentirá falta das mãos. Nada do que façamos aqui será igual ao que você perdeu. Mas a opção é sua. Você pode se esconder num canto e não sair nunca mais. Ou enfrentar e aprender a fazer o melhor possível com o que tem.

E Daniela o fez tão bem, que deu ao livro, onde narra sua experiência, o título: *Elegi vivir*.

Que temos feito nós de posse de um corpo perfeito que a reencarnação nos proporcionou? Como tem sido nosso comportamento quando caímos do "trem" da Vida? Qual o nosso rumo quando um obstáculo muito grande nos atropela e nos arranca pedaços interiores, como o sucedido com o corpo de Daniela? Escolhemos viver e superar ou preferimos ficar num canto do mundo até que a vida se acabe e tenhamos que retornar novamente para recomeçar? Daniela, depois de tudo que ela sofreu, ferida na sua vaidade feminina de mulher bonita, optou pela Vida. Qual tem sido a nossa opção?

# V

# Fugir do serviço

O QUE VOCÊ ACHA QUE UMA PESSOA diria ao receber a notícia de que ganhou na loteria? Por acaso diria que o cartão premiado não era dela? Pediria para conferir o resultado? E se recebesse a notícia, de um programa de televisão, de que ganhou uma casa? Imploraria para que verificassem direito se o ganhador não seria outra pessoa?

E você? Imagine o que faria se lhe dissessem que ganhou um carro em determinado sorteio... Contestaria o prêmio, alegando que poderia estar ocorrendo um erro e que o carro não era, absolutamente, seu?

Você teria esse procedimento? Ou porventura conhece alguém que assim procedesse?

Com as coisas do mundo não agimos assim. Muito pelo contrário: abraçamos logo para que não haja qualquer dúvida de que o bem material, os valores materiais são, sim, nossos! É assim ou não é?

Veja agora se você já ouviu uma das seguintes frases:

"Sei que não presto para nada. Como vou trabalhar na causa do Bem?"... "Quem sou eu para poder ajudar, se conheço os meus defeitos?" Ou, ainda: "Que fazer com as imperfeições que carrego comigo, se for servir à mediunidade?" "Como aceitar encargos espíritas, se eu conheço as falhas que trago?"

E aí? Já ouviu ou não afirmativas como essas? Se só ouviu, menos mal. Pior seria se já nos pronunciamos dessa maneira...

Com os valores do mundo, dá que é meu. Com o trabalho espiritual, toma que é teu.

O apóstolo Pedro era perfeito e só por isso foi convocado por Jesus como um dos seus principais auxiliares? Quantas vezes negou o próprio Mestre? Desistiu ele da luta? Alegou fraquezas intransponíveis? Disse ser extremamente imperfeito já que havia negado ao seu Mestre e Senhor? Não! Dispôs-se a se superar e o fez com galhardia.

E Tomé? Requisitou provas e quis tocar o corpo fluídico de Jesus para crer, não foi? Por isso abandonou o apostolado? Não. Serviu até o sacrifício da própria vida.

O rabino Saulo, na estrada de Damasco, quando convocado por Jesus para o serviço do Cristianismo, alegou que perseguia os cristãos e por isso não podia aceitar a incumbência? Não. Foi perseguido, feito prisioneiro, açoitado e, finalmente, degolado em um cemitério. Entretanto, não renunciou à honra do serviço a Jesus.

E Maria de Magdala? Quando chamada para o ministério do amor, alegou todas as imperfeições que possuía para fugir ao serviço? Não. Persistiu a ponto de ser a primeira encarnada a ver Jesus redivivo!

Joana de Cusa, mesmo entre as chamas que a devoravam e ao filho amado, não abriu mão de servir Jesus na hora extrema do testemunho.

Por que desfiamos um rosário de desculpas quando convocados às pequeninas tarefas no campo do Bem? Essa atitude não é estranha para quem vive pedindo aos Espíritos amigos o socorro diário?

Talvez as palavras de Emmanuel nos esclareçam.

*Chamados para servir, quantos de nós temos alegado, até agora, insuficiência, falha, defeito ou incapacidade, tentando justificar a própria omissão?*

*Curioso pensar, porém, que o Evangelho do Senhor não nos convida para exercer o ministério dos anjos e sim nos solicita engajamento para desempenhar o papel de servidores. Nesse sentido, importa recordar os elementos imperfeitos da própria Terra, convocados para a organização sócio-planetária conquanto as deficiências com que se caracterizam.*

*Enumeremos alguns.*

*A pedra é agressiva e capaz de ferir, mas, suportando corte e ajustamento é a base da moradia e da estrada nobre em que os homens edificam intercâmbio e segurança.*

*O solo em si é matéria primitiva concentrada, todavia, em se deixando tratar convenientemente, é celeiro de produção intensiva.*

*Certos fios metálicos atirados ao léu são resíduos para a sucata, no entanto, se ligados ao serviço elétrico, fazem-se de imediato condutores de luz e força.*

*Os bichos-de-seda não são agradáveis ao olhar, mas se atendem aos programas de trabalho do sericicultor, dão origem a tecidos valiosos. (...)*

*Chamados para servir! Eis a indicação do Mais Alto... Para quantos amadurecem nas experiências do mundo e buscam a compreensão do Bem.*

*O Senhor nos conhece claramente a condição de Espíritos ainda incompletos, mas se nos dispusermos a lhe ouvir a palavra, disciplinando-nos para o valor da utilidade, estaremos logo no clima do progresso em plenitude, de melhoria e de elevação.*

Os Espíritos que nos socorrem também ainda não atingiram a perfeição. Que tal se alegassem a Jesus as suas imperfeições para não nos socorrerem na hora de nossas dificuldades aqui na Terra?

# VI

# O pé de pera

O julgamento pessoal, que ignora as causas geradoras
dos problemas, demonstra o primitivismo moral
do homem ainda lobo do seu irmão.
**Joanna de Ângelis**

UM PAI, PARA DAR UMA LIÇÃO inesquecível aos seus quatro filhos, estabeleceu com eles o seguinte acordo: cada um, isoladamente, iria visitar o mesmo pé de pera que havia na propriedade, em estações diferentes do ano: primavera, verão, outono e inverno.

Após um ano, ele reuniu-se com os quatro filhos e solicitou que o jovem que visitara o pé de pera no inverno expusesse a sua impressão aos demais irmãos. Ele narrou, então, que havia encontrado uma planta muito feia, de galhos retorcidos, quase sem folhas, que passava a ideia da derrota, da morte enfim.

O segundo dos irmãos que havia visitado o pé de pera na primavera, discordou dessa impressão e descreveu um vegetal cheio de nódulos em seus galhos, cobertos de folhas muito verdes e que passava a ideia de estar cheio de vida; ao contrário, portanto, da imagem descrita pelo irmão.

Por sua vez, o jovem que havia visitado o pé de pera no verão descrevia a árvore repleta de flores, ramos eretos buscando a vida, como se fosse uma pessoa que abraçasse a Natureza.

Por fim, o irmão que visitara a planta no outono, descreveu-a, com muito entusiasmo, dizendo que a vira, carregada de frutos, e plena de vida.

O pai, após ouvir a opinião de cada um dos quatro filhos, arrematou dizendo-lhes:

- Assim como cada um de vocês teve uma impressão diferente do mesmo pé de pera que foi visto em estações diferentes do ano, é necessário tomar muito cuidado ao julgar uma pessoa que é vista em momentos diferentes de sua vida.

E continuou o pai, explicando a seus filhos:

- Se essa pessoa é vista num momento de nervosismo, emitiremos a sentença de ser violenta. Se a fase em que a encontrarmos for de tristeza, será tachada de depressiva. Se o momento for da comemoração de algum acontecimento bom, ficaremos com a imagem de que ela seja uma pessoa feliz. Cada um de nós atravessa "estações" diferentes em sua existência.

E completando o ensinamento, asseverou o genitor com voz grave:

- A emissão de qualquer julgamento, por isso mesmo, representará a oportunidade de cometermos muita injustiça. Antes de julgar alguém, retornemos mentalmente ao nosso pé de pera...

Se você, amigo, leitor ou leitora, não visitou ainda o seu pé de pera, mas emitiu muitos julgamentos em sua vida, aqui vão algumas orientações do Espírito André Luiz, psicografia de Chico Xavier, do livro *Agenda Cristã*:

*O santo não condena o pecador. Ampara-o sem presunção.*

*O sábio não satiriza o ignorante. Esclarece-o fraternalmente.*

*O iluminado não insulta o que anda em trevas. Aclara-lhe a senda.*

*O orientador não acusa o aprendiz tateante. A ovelha insegura é a que mais reclama o pastor.*

*O bom não persegue o mau. Ajuda-o a melhorar-se.*

*O forte não malsina o fraco. Auxilia-o a erguer-se.*

*O humilde não foge ao orgulhoso. Coopera, silenciosamente, em favor dele.*

*O sincero a ninguém perturba. Harmoniza a todos.*

*O simples não critica o vaidoso. Socorre-o, sem alarde, sempre que necessário.*

*O cristão não odeia, nem fere. Segue ao Cristo, servindo ao mundo.*

*De outro modo, os títulos de virtude são meras capas exteriores que o tempo desfaz.*

Fazendo assim antes de qualquer julgamento você terá ido visitar o seu pé de pera nas diferentes estações do ano...

# VII

# Limites do céu e do inferno

Q. 621 - Onde está escrita a lei de Deus?

*- Na consciência.*

Q. 1011 - Um lugar circunscrito no Universo está destinado às penas e aos gozos dos Espíritos, segundo seus méritos?

*- Já respondemos a essa questão. As penas e os gozos são inerentes ao grau de perfeição dos Espíritos. Cada um possui em si mesmo o princípio de sua própria felicidade ou infelicidade, e, como eles estão por toda a parte, nenhum lugar circunscrito, nem fechado, não está destinado a um antes que a outro. Quanto aos Espíritos encarnados, são mais ou menos felizes ou infelizes, conforme o mundo que eles habitem mais ou menos avançado.*

Q. 1016 - Os Espíritos disseram habitar o quarto, o quinto céu, etc.; que entendiam por isso?

*- Vós lhes perguntais qual céu habitam, porque tendes a ideia de vários céus colocados como andares de uma casa. Então, vos respondem segundo vossa linguagem, mas, para eles, essas*

*palavras, quarto, quinto céu exprimem diferentes graus de depuração e, por conseguinte, de felicidade. É absolutamente como quando se pergunta a um Espírito se ele está no inferno; se é infeliz dirá sim, porque para ele inferno é sinônimo de sofrimento. Mas ele sabe muito bem que não se trata de uma fornalha.*

Essas perguntas deixam bastante claro que céu e inferno são estados de consciência de cada Espírito. Se as leis de Deus estão escritas na nossa consciência, é exatamente nesse local que está o nosso céu ou o nosso inferno. Dessa maneira, independentemente de onde estejamos e quais condições que nos envolvam por fora, estaremos no céu ou inferno íntimos de cada um. E isso é absolutamente justo, porque transportaremos para onde formos o estado de consciência que construímos de livre e espontânea vontade de acordo com as nossas opções diante da Vida.

Vejamos a seguinte história, cujo autor nos é desconhecido.

Conta-se que um samurai muito forte, exibindo uma enorme espada com que agredia os seus desafetos, procurou um monge muito sábio para que lhe explicasse onde ficava o inferno e onde ficava o céu.

Na presença do mestre, efetuou sua pergunta e esperou ansioso pela resposta. Entretanto, para espanto do nervoso samurai, o monge disse calmamente:

- Não vou lhe responder, porque você está muito mal vestido, com um cheiro horroroso. Sua espada está velha e enferrujada e você é uma desonra para os outros samurais.

E continuou a olhar nos olhos daquele homem bruto, que sentiu o sangue ferver-lhe nas veias. Seu pescoço engrossou, sua face ficou da cor de vinho tinto, seus olhos injetados de sangue se abriram assustadoramente, e o samurai, soltando um grito ensurdecedor, arrancou a enorme espada de sua bainha e a colocou em posição para desferir o golpe mortal no monge sábio. Antes, porém, que a espada descesse sobre o pescoço do mestre, ouviu o seguinte:

- Aí está o inferno!

O samurai, apanhado de surpresa pela resposta que revelava uma enorme sabedoria, teve o seu braço paralisado pelo espanto. Sim, o monge sábio tinha razão. Quando desequilibramos e caímos nos braços do mal, estaremos prisioneiros do nosso inferno interior.

Aos poucos, à medida que expulsava de si a onda de ódio que o havia invadido, foi abaixando o braço até que a enorme espada tocou o solo como ave abatida em pleno voo.

Novamente, com muita calma, o monge arrematou o ensinamento:

- Aí começa o céu de cada um...

E o samurai pôde, enfim, compreender que quando optamos pelo equilíbrio, pela paz interior, estaremos na posse do nosso paraíso íntimo.

Se essa história não possui autor conhecido, vou, buscando pela memória, dividir com você uma das páginas mais lindas que li em obras espíritas, ditada pelo espírito Alexandre de Jesus.

Narra Alexandre que um determinado dia Jesus caminhava junto ao grupo dos apóstolos pelas estradas empoeiradas daquela época, quando um centurião, comandante de um grupo de homens de César, abordou o Mestre e os discípulos. Logo perguntou o que o grupo fazia naquele local, motivado pelo espírito de cautela, acostumado que estava com bandos de assaltantes.

Esclarecido sobre de quem se tratava, o centurião dirigiu-se a Jesus:

– Se és realmente quem dizem que tu sejas, diga-me onde fica o céu e onde fica o inferno.

Diante da ordem de um representante militar de Roma, Jesus não se pronunciou. O comandante insistiu com o tom de ordem que estava acostumado a dar a um subordinado:

– Vamos, homem! Se tu és realmente quem falam que sejas, responde-me: onde começa o céu e onde principia o inferno?

Diante do silêncio de Jesus, o comandante do grupo de soldados retirou a espada da bainha na tentativa de intimidar e ser obedecido. Quando ele ergueu a arma, Jesus quebrou o silêncio dizendo:

– Aí começa o inferno...

Apanhado pela sabedoria da resposta, o centurião deteve a espada no ar e foi abaixando o seu instrumento de guerra até colocá-la novamente na bainha, sendo outra vez surpreendido pelo ensinamento de Jesus.

– Aí começa o céu...

Quando Jesus foi erguido na cruz infamante, o homem de César não tinha nenhuma dúvida de que o filho do carpinteiro ingressava no céu daqueles que possuem a consciência tranquila.

Creio que as duas histórias não deixam dúvidas. Céu e inferno são estados da consciência interior da criatura.

Você tem levantado sua espada? Mantém-na guardada na bainha? Ou você já é daqueles mais felizes que não transportam mais espada alguma?

# VIII

# A consulta

*Qual o tipo mais perfeito que Deus ofereceu ao homem para lhe servir de guia e modelo?*

A resposta a essa indagação de Kardec é bastante clara: - *Vede Jesus.*

Jesus é para o homem o modelo da perfeição moral que a Humanidade pode pretender sobre a Terra. Deus no-lo oferece como o mais perfeito modelo. E a doutrina que ensinou é a mais pura expressão da sua lei.

Muitas pessoas se afeiçoam a um determinado centro espírita devido ao trabalho de um determinado médium, ou de um orador de fala envolvente ou de um dirigente mais cativante. O risco que correm é constatar algum deslize desses companheiros e jogarem a decepção sobre a doutrina.

Não podemos nos esquecer do nosso guia e modelo Jesus. Ele, e somente ele, deve ser a nossa referência. Com Jesus jamais haverá decepção ou dúvidas quanto ao caminho a seguir.

Lembro-me de um fato ocorrido com Chico Xavier quando procurado por um companheiro de outro Estado, em busca de orientações. Ocupado como sempre fora, Chico não pôde atender ao visitante devido aos seus múltiplos afazeres no ganho do pão de cada dia e, principalmente, da enorme tarefa junto ao espiritismo. O homem, então, retirou-se e voltou para sua cidade de origem, decepcionado com a doutrina espírita.

Preocupado com o acontecimento, Chico resolveu pedir a orientação de Emmanuel, seu mentor espiritual. E o benfeitor pediu que não se preocupasse com o fato, porque, se para aquele homem a referência da doutrina espírita era o Chico, melhor seria que as coisas ficassem como estavam... Por isso que o orientador da nossa bússola espiritual deve sempre ser Jesus.

Mas, falando em consulta, gostaria de descrever uma que encontrei, cujo autor não foi mencionado.

*Fui à Clínica do Senhor para fazer uma consulta de rotina, e constatei que estava enfermo.*

*Quando Jesus mediu minha pressão, viu que estava baixa de ternura.*

*Ao aferir a minha temperatura, o termômetro registrou 40°C de ansiedade.*

*Fez um eletrocardiograma, e o diagnóstico mostrou que meu coração necessitava bombear mais amor, pois minhas artérias estavam bloqueadas pela solidão e saudades e não abasteciam meu coração vazio.*

*Passei pela ortopedia, já que não podia caminhar ao lado do meu irmão, e tampouco dar um abraço fraternal, porque havia me machucado ao tropeçar nos problemas da vida complicados pela minha falta de fé.*

*Também foi diagnosticada minha miopia, porquanto não podia ver mais nada além das coisas negativas do meu próximo.*

*Quando me queixei de surdez, Jesus disse que eu havia deixado de escutar sua voz a cada dia.*

*É claro que Jesus me deu uma consulta gratuita e, graças à sua misericórdia, prometi que tomaria somente os medicamentos naturais que receitou, através da sua verdade:*

*Ao levantar, beber um copo de agradecimento.*

*Ao chegar ao trabalho, tomar uma xícara de paz.*

*A cada hora, ingerir um comprimido de paciência e uma cápsula de humanidade.*

*Ao chegar a casa, injetar uma dose de amor.*

*E, antes de dormir, tomar duas doses de consciência tranquila.*

*Se você entrar nessa Clínica, já pensou qual será o seu diagnóstico?*

IX

# Engolindo o papel

ALGUMA VEZ NA SUA VIDA você já esteve em uma condição que lembrasse a pessoa da história que passarei a narrar? Vejamos.

Num tempo muito afastado do nosso, um representante da nobreza foi assassinado. Precisavam achar um culpado, fosse quem fosse.

Procura daqui, investiga de lá, e um homem inocente foi levado a julgamento por um juiz desonesto. O réu, que era um homem religioso, negava o crime que tentavam lhe imputar.

O juiz, sabendo da honradez do sentenciado, fez-lhe a seguinte proposta:

- Vou deixar nas mãos do teu Deus o destino que te aguarda. Em dois pedaços de papel idênticos, escreverei num deles "Culpado" e no outro "Inocente". O papel que retirares dará a tua sentença: absolvição ou culpa.

O homem, aterrorizado, não tinha dúvidas de que o juiz desonesto escreveria "culpado" nos dois pedaços de papel. Dessa maneira, receberia a pena máxima, que, de acordo com os costumes daquela época, era enforcamento.

Entrou em desespero, mas logo se acalmou, pedindo a Deus alguma inspiração que vencesse tal armadilha.

Algum acontecimento na vida já o levou a uma situação dessas onde tudo parece estar perdido? Se já vivenciou tal acontecimento vou deixar uma mensagem de Joanna de Ângelis para você.

Tenho certeza de que não está com pressa para saber o final da história. Por isso, vamos primeiro à mensagem (não vale pular para ler o que aconteceu àquele réu inocente):

*Após a emoção do encontro com a doutrina espírita, agora, quando os deveres constituem norma de comportamento diário na tua vida, tu observas, algo desencantado, a necessidade da contínua renovação de forças, a fim de não desfaleceres.*

*Supunhas, inicialmente, que logo seriam resolvidos todos os problemas. Todavia, ei-los que retornam, afligentes, complexos.*

*Dispões, porém, de recursos valiosos que não podes desconsiderar e graças aos quais não desfalecerás.*

*Reflete:*

*Quem tem fé, não se abate ante a noite escura.*

*Quem confia, não se desespera na convulsão.*

*Quem ama, não se debate na desconfiança.*

*Quem crê, não se tortura na incerteza.*

*Quem espera, não se atira nos braços da aflição.*

*Quem serve, não se agasta com a ingratidão.*

*Quem é gentil, não aguarda entendimento.*

*Quem é puro, não se revolta com as calúnias.*

*Quem perdoa, não para na caminhada a fim de recolher escusas.*

*Quem se renova no Cristo, não retorna à prisão do erro.*

*Se tens fé, persevera.*

Creio que podemos continuar com a nossa história, após você ter prestado bastante atenção na mensagem acima, não é mesmo?

O inocente acusado apanhou um dos papéis escritos pelo juiz e, de repente, sem dar tempo para que fosse interrompido, engoliu-o, dirigindo-se em seguida ao magistrado:

- Veja o papel que ficou sobre a mesa. Ele traz a sentença oposta àquela que escolhi.

***

Meu amigo e minha amiga!

Muitas vezes a vida nos coloca em situação angustiante semelhante à do réu inocente que o juiz desonesto queria condenar a qualquer custo. Estamos diante de dois pedaços de papel, nos quais estão grafadas as palavras "derrota" ou "vitória". E teremos também que "engolir o papel", no sentido de enfrentar e superar as dificuldades que nos são apresentadas.

Se o réu da história era inocente, em nosso caso o mesmo não ocorre. Em nossa consciência o registro de determinados comportamentos nos dias de hoje ou nos dias de ontem acusam-nos de alguma coisa. Não temamos, porém. Lembremos o réu e o juiz tendencioso, que lhe preparava mortal armadilha.

Em nosso caso é extremamente diferente. Embora sejamos verdadeiramente réus, teremos a certeza de haver engolido o papel correto, se soubermos aceitar as dificuldades, lutando para vencê-las com muita luta e resignação. Sim, porque em nossa consciência, representante do Juiz Supremo, sempre estará escrito "Vitória"!

# X

# A melhor religião

VOCÊ JÁ FOI ALVO OU JÁ PRESENCIOU alguma discussão estéril de qual religião é a melhor? Chegou a alguma conclusão? Sentiu que está na religião correta ou teve dúvidas? Se você deseja saber a resposta, prossiga na leitura.

Joanna de Ângelis, no livro *O homem integral*, conceitua religião assim:

*A religião se destina ao conforto moral e à preservação dos valores espirituais do homem, demitizando a morte e abrindo-lhe as portas aparentemente indevassáveis à percepção humana. Desvelar os segredos da vida de ultratumba, demonstrar-lhe o prosseguimento das aspirações e valores humanos, ora noutra dimensão dentro da mesma realidade da vida, é a finalidade precípua da religião.*

Num encontro para se discutir religião e paz entre os povos, um conhecido teólogo brasileiro dirigiu a seguinte pergunta ao Dalai Lama, então presente:

- Santidade, qual é a melhor religião?

Evidentemente essa pergunta continha a malícia de

esperar que na resposta o Dalai Lama dissesse que a melhor religião era o budismo tibetano, ou, pelo menos, que a melhor religião seria uma das orientais, mais antigas do que as ocidentais.

Entretanto, o perguntado voltou-se de maneira muito tranquila para o teólogo e, com um sorriso discreto nos lábios, respondeu de forma enigmática:

– A melhor religião é a que mais te aproxima de Deus, do Infinito. A melhor religião é aquela que te faz melhor.

Desconcertado pelo teor da resposta, o teólogo brasileiro tornou a perguntar:

– E o que me faz melhor?

– O que te faz melhor é aquilo que te faz mais compassivo, mais sensível, mais desapegado, mais amoroso, mais humanitário, mais responsável, mais ético... A religião que conseguir fazer isso de ti é a melhor religião...

E o teólogo ficou meditando: a melhor religião é aquela que fizer a pessoa mais sensível junto ao semelhante, junto à família, ao trabalho, à comunidade, perante o mundo. Essa é a melhor, não importando o rótulo que ela detenha. A melhor religião foi aquela vivenciada por Jesus: o Amor em toda a intensidade para com o semelhante. Qualquer discussão fora dessa realidade são ecos em pleno deserto de um coração insensível.

Sobre esse assunto da melhor religião, lembro-me das sempre grandes lições do inesquecível Chico. Uma ocasião, uma senhora disse o seguinte para ele:

– Chico, eu sou uma mulher quase completamente feliz.

Admirado com essa declaração, porque a imensa maioria das pessoas que o buscavam era portadora de problemas e que julgava os seus problemas como os maiores do mundo, o médium mineiro perguntou:

- E por que você não é completamente feliz, minha filha?

- O problema é o meu marido.

- Como assim? - voltou a indagar. - Ele não é um bom companheiro?

- Pelo contrário, ele é um marido excelente. Trabalhador, fiel, companheiro, atencioso. Tem todas as qualidades que eu possa imaginar.

- Ele não é um bom pai?

- Um pai extremamente amoroso. Dedica-se de maneira invejável aos filhos.

- Ora, minha irmã, então o que a impede de ser uma mulher plenamente feliz?

- É que meu marido não é espírita, é umbandista.

Sorrindo, o médium respondeu:

- Então pode se considerar uma mulher totalmente feliz, porque é muito melhor um bom umbandista do que um mau espírita...

Creio que esse diálogo, envolvendo nosso homem-amor, ilustra bem a resposta de Dalai Lama ao teólogo brasileiro: "A melhor religião é aquela que te faz melhor."

Por falar em religião, a sua tem feito de você uma pessoa melhor?...

# XI

# Amar assim

> Amar torna-se um hábito edificante, que leva à renúncia sem frustração, ao respeito sem submissão humilhante, à compreensão dinâmica, por revelar-se uma experiência de alta magnitude, sempre melhor para quem o exterioriza e dele se nutre.
> Amar é abrir o coração sem reservas, encontrar-se desarmado de sentimentos de oposição, sempre favorável ao bem e ao progresso, mesmo quando discordando das colocações que são apresentadas.
> **Joanna de Ângelis**

VOCÊ SERIA CAPAZ de amar assim?

Vejamos. Um casal que se encontrava unido pelos laços do casamento havia 30 anos teve a casa onde morava destruída pelo fogo. Os dois foram levados para o hospital.

A mulher, que era muito vaidosa, teve a face comprometida pelas labaredas e recuperou-se antes do marido. O homem ficou algum tempo na UTI, devido às queimaduras.

Antes que tivesse alta daquele local, a mulher foi visitá-lo. Ele, então, revelou a ela que havia ficado cego dos dois olhos. Choraram muito abraçados, mas agradeceram a Deus pela bênção de continuarem juntos sobrevivendo ao incêndio.

Retornaram ao lar e continuaram ainda por muitos anos a vida a dois, sempre com muita ternura e respeito como sempre. A mulher auxiliava ao marido mergulhado na cegueira enquanto acostumava-se à visão do novo rosto destruído pelo calor das labaredas.

Depois de muitos anos ela partiu, primeiro que ele. No dia do velório da amada, aquele senhor retirou os óculos escuros que usara por muitos anos. Os amigos, olhando para a face dele, perceberam que os seus olhos estavam intactos! Então, o que acontecera?

O esposo havia fingido sua cegueira após o incêndio durante tantos anos para que sua amada não se sentisse constrangida na presença dele pelas queimaduras que ganhara no rosto durante o sinistro. Por amor, vivera as dificuldades que a falta de visão impunha mesmo quando simulada, apenas para não magoar a sua esposa.

Você seria capaz de amar assim?

Evidentemente que você poderá argumentar que essa história no papel é muito fácil de ser representada, mas que, na vida real, as coisas assim não acontecem.

Não? Então vejamos essa história verdadeira narrada por Divaldo Pereira Franco em uma de suas brilhantes palestras.

Após a Segunda Guerra Mundial, por volta de 1954, no Estado de Massachusetts, nos Estados Unidos, um casal, depois de 30 anos, resolveu se separar. Não!... Não estavam se divorciando. É que ele recebera uma oferta irrecusável para trabalhar no Japão, país que estava sendo reconstruído das calamidades da guerra.

Conversava com a esposa:

- É apenas um ano, querida. O que irei ganhar permitirá quitarmos a nossa casa e, já que não temos filhos, garantir a nossa velhice tranquila. Suportaremos em nome do amor essa separação rápida. Um ano passa tão depressa...

E ela concordou. Por amor. Ele partiu para o país do Oriente. Cartas todas as semanas partiam em direção aos Estados Unidos. Telefonemas internacionais para a amada a cada quinze dias se faziam presentes.

Um ano transcorreu muito rápido, mas, assim que o prazo venceu, ela recebeu uma nova carta dele dizendo que havia recebido uma proposta só por mais três meses. Era muito dinheiro por pouco tempo! Não dava para perder. As cartas, então semanais, foram se escasseando, e o telefone emudeceu.

Após esses meses finais, surgiu uma nova carta, finalmente. Ela dizia mais ou menos assim:

- Sinto comunicar-lhe dessa forma, mas casei-me com uma jovem japonesa que promovia a limpeza do quarto em que me hospedava. Divorciei-me de você por carta no México. Eu sinto muito, mas um ano sozinho é muito tempo. Então, apaixonei-me por essa jovem. Será que você será capaz de me perdoar?

Ela o odiou com todas as forças da sua alma. Após algum tempo, resolveu escrever-lhe dizendo que não o perdoava, mas que o compreendia. Perguntava-lhe pelo nome da jovem que fora capaz de roubar-lhe o amor. Que a informasse por carta.

Dias depois uma nova carta dele revelava a ela que o nome da moça era Aiko. E revelava mais: ela estava grávida de um filho dele. Como com ela não havia sido pai, estava agora muito emocionado. A ex-esposa entristeceu, mas continuou a compreender o ex-marido.

Mais algum tempo e uma nova correspondência revelava à ex-esposa que a criança nascera. Era uma menina! Dera-lhe o nome de Helen, em homenagem a ela. Transcorrido mais um período, e uma nova carta revelava o nascimento de uma segunda filha. Após esse comunicado, o silêncio voltou a imperar entre eles.

Alguns anos depois uma nova carta revelava uma desgraça:

– Estou definhando rapidamente.

Os médicos haviam encontrado nele uma doença maligna. Apenas mais alguns meses de vida. Pedia, ou melhor, suplicava que ela amparasse pelo menos as crianças, porque ele havia perdido tudo, até a própria vida.

Após essa derradeira carta ocorreu o desenlace, e a jovem japonesa e as duas filhas foram lançadas num grande desamparo. A ex-esposa escreveu para Aiko, enviando-lhe uma quantia em dinheiro e pedindo que ela permitisse que as filhas viessem para os Estados Unidos, onde os trataria como filhas do seu coração. A jovem concordou com a proposta, movida talvez pelo desespero, e enviou as duas crianças.

Quando a ex-esposa recebeu as crianças no aeroporto, elas se atiraram aos seus braços, num inglês meio enrolado: Tia-avó!

Ela vibrou com os pequenos.

Na época o governo americano proibia a entrada de japoneses nos Estados Unidos. Ela, porém, após campanha que mobilizou a opinião pública, conseguiu trazer Aiko até o solo americano.

Quando viu a frágil figura da japonesa atravessar os portões do aeroporto, sentiu por ela uma emoção maternal. Dessa maneira, amparou as três. Viveu o restante de sua vida por elas. Dedicou-se. Doou-se. Deu-se àqueles três seres que culpa nenhuma tinham do desatino do ex-marido. E, ao falecer já bem velhinha, teve a alma inundada da paz daqueles que têm a consciência tranquila de ter feio o mais correto.

Ainda teve forças para dizer no leito de morte:

- Deus é tão bom que, ao levar o meu amor embora, deu-me três amores em troca.

Você seria capaz de amar assim?

Por falar nisso, como foi o seu dia hoje em sua casa junto à esposa e aos filhos? Houve atenção, existiu carinho, o amor esteve presente em quantia suficiente que pode ter a esperança de um dia ser um amor tão grande assim?

# XII

# A prece

A prece, qualquer que ela seja, é ação provocando a reação que lhe corresponde. Conforme a sua natureza, a prece paira na região em que foi emitida ou eleva-se mais, ou menos, recebendo a resposta imediata ou remota, segundo as finalidades a que se destina. Desejos banais encontram realização próxima na própria esfera em que surgem. Impulsos de expressão algo mais nobre são amparados pelas almas que se enobreceram. Ideais e petições de significação profunda na imortalidade remontam às alturas...

**André Luiz** *(Entre a Terra e o Céu)*

QUANTAS PESSOAS PASSAM toda uma existência acumulando valores materiais e não sabem fazer uma oração, por mais simples que ela seja?

Quantos fazem uma prece que nasce e morre nos lábios?

Você tem orado?

Vamos ver se conhece essa história.

Um homem sonhou que entrava no céu. Logo de início, encontrou uma área imensa que não podia ser abrangida com os olhos, que mais parecia se confundir com o infinito. Uma multidão incontável de seres angelicais trabalhava ali. A correria era muito grande, apesar da organização. Não conteve a curiosidade e perguntou:

- Que local é este?! Por que tanto trabalho? Diria até que os trabalhadores se confundem com o número de estrelas do Universo.

- Ah! Aqui - esclareceu o Ser responsável daquele lugar - é o lugar aonde chegam, a cada segundo, os pedidos de auxílio que o homem dirige ao Criador. São incontáveis...

Saíram daquela região imensa e, logo depois, quase emendando com ela, estava outro local que se perdia de vista. Era tão imenso como o primeiro. De novo a curiosidade venceu a discrição, e o visitante perguntou:

- E aqui, por que tantos igualmente trabalham sem cessar?

- Ah! - respondeu o responsável novamente. - Daqui saem o atendimento a todos os pedidos que partem dos homens aflitos... Como Deus socorre a todos, um número incontável de trabalhadores labuta sem cessar e sem cansaço.

Mais alguns passos e entraram num pequeno lugar onde só havia um ser angelical sentado em uma cadeira com o olhar perdido no horizonte. Se os anjos ficassem tristes, até se diria que esse estava com ar de tristeza.

Espantado com a brutal diferença com os dois lugares anteriores, o visitante tornou a perguntar:

- E aqui? Por que somente um trabalhador?

O Ser que o acompanhava, deixando a amargura invadir o seu semblante, respondeu tristemente:

- Aqui, meu amigo, é o lugar aonde chegam os agradecimentos a Deus pelo auxílio recebido...

Se você já conhecia essa história até aqui, nos acompanhe mais um pouco.

- O que devemos agradecer ao Pai? - perguntou o visitante.

- Meu filho! Bastaria uma palavra, e tudo viria por consequência: a Vida. Mas, relacionemos uns poucos exemplos.

*Se tu tens alimento em sua casa, roupa sobre o seu corpo, um lar onde morar e uma casa limpa onde repousar, és mais rico do que 75% de pessoas que nada disso possuem.*

*Se tens dinheiro no banco para um imprevisto qualquer, um pouco de dinheiro em sua carteira, você está entre os 8% dos mais bem-sucedidos no mundo.*

*Se o computador é seu, você é um daqueles que se encontram entre 1% dos que possuem esse recurso.*

*Se você acordou com mais saúde do que doença você tem infinitamente mais do que aqueles que não sobreviverão a esse dia prisioneiros do leito do sofrimento de onde se despedem da existência material.*

*Se você nunca experimentou o temor de uma guerra, a solidão de uma prisão, a agonia de uma tortura, está na frente de 700 milhões de seres infelizes que experimentaram na própria pele esses sofrimentos.*

*Se podes cultuar a tua fé livremente sem o temor de apa-*

*nhar, sem ser preso, torturado, é invejado por mais de 3 bilhões de pessoas que não possuem esse direito.*

*Se podes manter a cabeça erguida e sorrir, não és a regra, mas o raro exemplo a tantos que estão na dúvida e no desespero...*

Esse pedaço você já conhecia? Mesmo que você duvide desses cálculos, creio que na sua consciência você encontrará outra matemática que conduzirá à mesma conclusão.

Joanna de Ângelis nos ensina que a oração é outro veículo por meio do qual se produz a sintonia mental com Deus. Ela faculta uma análise das necessidades humanas em relação às finalidades essenciais da existência, ao tempo em que propicia o relaxar das tensões, estimulando as forças enfraquecidas e renovando-as, graças ao que se abrem às possibilidades de recuperação da saúde.

Ah! A propósito, se você visitasse o céu como o homem da história, haveria alguma correspondência sua naquele último departamento esquecido?

# XIII

# Criatura de Deus

A autodepreciação é fator preponderante para a infelicidade pessoal e para o relacionamento com outras pessoas, em razão do desrespeito a si mesmo. Quem se subestima, supervaloriza os outros, fazendo confrontos entre si e os demais de forma inadequada, ou projeta a sua sombra acreditando que são todos iguais, variando apenas na habilidade que aqueles possuem para mascarar-se. O seu é um critério de avaliação distorcido, doentio, sem parâmetros bem delineados.

**Joanna de Ângelis**

UM AUTOR DESCONHECIDO CONTA QUE, na Idade Média, um aprendiz dirigiu-se muito triste ao seu mestre:

– Mestre... Estou muito aborrecido, sem razão para continuar vivendo. Muitas pessoas me disseram que não faço diferença no mundo, que não sirvo para nada. Que a minha presença nada significa para os outros. Que, se eu morresse, ninguém sentiria a minha falta.

O mestre, sem levantar os olhos das linhas que escrevia, respondeu:

– Agora não posso cuidar do seu problema, pois tenho que resolver um assunto pessoal e não posso atendê-lo. Talvez, se me ajudar a solucioná-lo depressa, eu possa ajudá-lo mais tarde.

- Eu ajudo a ti, mestre - disse o discípulo ainda mais desvalorizado perante si mesmo, pois nem aquela figura competente dava-lhe importância.

- Então, meu jovem, pegue o seu cavalo e vá rápido ao mercado vender esse meu anel para que eu possa pagar um compromisso de muita importância. Mas, preste muita atenção: não aceite, em hipótese nenhuma, menos do que uma moeda de ouro. Não ceda o anel por uma importância menor do que esta, aconteça o que acontecer.

O moço pegou ansiosamente o anel e dirigiu-se rapidamente até o mercado local onde aconteciam muitos negócios. Ofereceu a joia para muitas pessoas, e o máximo conseguido fora uma moeda de prata.

Cumprindo fielmente a recomendação do seu mestre, o aluno voltou e anunciou o preço conseguido. Talvez pudesse alcançar duas moedas de prata, mas uma de ouro, jamais! O mestre olhou para o rapaz e comentou:

- Faça o seguinte: leve o anel até o joalheiro local para que ele avalie a joia. Dessa maneira saberemos se estamos pedindo o correto por ela, mas não a venda por preço nenhum.

O moço retornou à praça e dirigiu-se ao joalheiro, pessoa capacitada para realizar a devida avaliação.

- Senhor, gostaria de saber o quanto pagaria pelo anel do meu mestre.

O joalheiro pegou a joia, limpou-a com um pedaço

de veludo dando-lhe brilho, pesou e mediu o anel. Então, anunciou:

- Vou ser sincero, meu rapaz! O anel do seu mestre vale até 70 moedas de ouro, mas, diante da urgência que ele tem em vendê-la, pago no máximo 50.

O rapaz soltou um grito, exclamando:

- Cinquenta moedas de ouro?

O jovem, com alegria incontida, correu de volta e narrou emocionado o real valor do anel que não conseguira antes mais do que uma única moeda de prata.

- Pois é, meu rapaz... Você está fazendo o mesmo com a sua pessoa. Você está se vendendo no mercado da opinião alheia. Você é uma criatura de Deus! Não deixe os outros dizerem o quanto você é importante; descubra você mesmo o próprio valor. Com certeza será muito maior do que têm anunciado. Leve-se a si mesmo ao "joalheiro" da própria consciência e ficará espantado com o valor que você representa perante a vida.

Ensina Joanna de Ângelis que a autoestima, na vida humana, é de relevantes resultados, em razão de produzir fenômenos fisiológicos, que decorrem dos estímulos emocionais sobre os neurônios cerebrais, que então produzem enzimas que concorrem para o bem-estar e a alegria do ser.

Vamos deixar a praça da opinião alheia e consultar o joalheiro que é Deus, criatura de Deus?

# XIV

# O próximo

Ninguém se deve afastar do convívio com o seu próximo.
Ele é a oportunidade para se testar a tolerância e o amor,
a gentileza e a fraternidade.
**Joanna de Ângelis**

Conta-se que o jovem aprendiz, estagiando num mosteiro budista, procurou o seu mestre, abrindo-lhe o coração:

– Mestre... Estou muito triste porque não encontro uma pessoa em quem confiar. Umas são mentirosas, e a mentira me aborrece muito. Outras são insensíveis, e a dureza do coração me causa muita tristeza. Outras ainda confessam sua descrença num poder maior no Universo, e a falta de fé me fere a alma. O que fazer para não me aborrecer com os defeitos alheios?

O velho monge, sem se perturbar, olhou calmamente para as flores que cresciam muito próximas e respondeu:

– É muito fácil. Viva como as flores!

– Mas, mestre! Viver como as flores?! Desculpe-me, mas não entendo!

– Repare no lírio alvo que cresce no charco do pântano cheio de maus odores e podridão. O lírio permanece puro porque ele extrai do pântano doentio apenas as coisas boas que lhe permitem viver com pujança. Faça o mesmo. Extraia do seu convívio as coisas boas que todas as pessoas possuem. Deixe em troca a sua parte boa.

– E, fazendo isso, conseguirei não me aborrecer?

– Certamente, porque o erro dos outros é deles e não seu. Devemos nos aborrecer com os próprios defeitos, mas não é sábio aborrecer-se com os defeitos dos outros. Auxilie no que for possível sem permitir que os defeitos alheios lhe perturbem a paz.

O exemplo máximo desse ensinamento foi Jesus, o Lírio de Deus plantado temporariamente no charco moral da Terra. Socorreu a todos dentro da Lei que manda dar a cada um segundo os seus méritos e partiu sem máculas para o Pai.

Podemos considerar que ainda somos o pântano, contendo, porém, o gérmen do lírio que Deus colocou em cada um de nós. Para que esse lírio aflore, para que ele ecloda, para que ele nasça e cresça, é necessário conviver com os problemas alheios. Os defeitos de nossos semelhantes são nossos instrumentos de trabalho.

O homem mau enseja oportunidade de exercitarmos o bem. Aquele que agride concita-nos ao perdão. A pessoa nervosa é a chance de sermos o instrumento da paz, como anunciava Francisco de Assis. Aquele que exige, está a exercitar em nós a renúncia.

Não é fugindo do convívio com os impuros que se conquista o crescimento moral.

Também nós seremos, para aquele que convive conosco, a estrada que lhe permitirá crescer, suportando nossos defeitos.

O mundo melhor que todos desejamos nascerá de cada lírio em que cada ser humano conseguirá se transformar, vivendo no planeta de provas e expiação.

Ninguém habitará um mundo melhor sem o devido crescimento na Escola de almas que agora frequenta. Nenhum Espírito, nenhuma alma salta etapas. Jamais habitaremos uma região de paz na dimensão espiritual passando por cima dos próprios defeitos, das próprias desarmonias interiores.

Se hoje o nosso semelhante é pântano em nossa vida, não nos esqueçamos que para ele podemos representar o charco que o infelicita.

Somos todos lírios em potencial que não devem fugir ao pântano da Terra, aprendendo, através do serviço no campo da paz e do amor, a extrair os ensinamentos para o próprio crescimento moral.

Ensina Joanna de Ângelis que o processo da evolução faz-se lento nas faixas inferiores do desenvolvimento da consciência, acelerando-se, à medida que o ser desperta para a responsabilidade e para o dever.

O pântano moral da situação atual da humanidade é exatamente o laboratório que trabalha em cada um de nós o surgimento do lírio capaz de contribuir na construção de um mundo melhor. Quem procura fugir desse laboratório, estaciona em sua evolução e mantém-se mais próximo do lodo do que do lírio que nele tem todo o potencial para crescer.

XV

# A ponte

O amor ao próximo recomendado pode ser definido como companheirismo, solidariedade no sofrimento e na alegria, amizade nas situações embaraçosas, capacidade de desculpar sempre, produzindo uma vinculação afetiva, que suporte atritos e os conflitos típicos de cada qual.
**Joanna de Ângelis**

Aprendestes o que foi dito aos Antigos: Não matarás, e todo aquele que matar, merecerá ser condenado pelo julgamento. Mas eu vos digo que todo aquele que se encolerizar contra seu irmão merecerá ser condenado pelo julgamento; que aquele que disser a seu irmão racca, merecerá ser condenado pelo conselho; e que aquele que lhe disser: sois louco, merecerá ser condenado ao fogo do inferno.
**Mateus (cap. V. vs. 21 e 22)**

DOIS IRMÃOS QUE VIVIAM fraternalmente desde a infância, na qual conheceram a orfandade, após a idade madura se desentenderam por pouca coisa.

Esses momentos de cólera, que permitimos nos invada, geraram a separação inclusive das propriedades conquistadas por eles após anos de muito trabalho.

Por uma ironia do destino, as propriedades sendo vizinhas permitiam que a casa deles fosse vista por um e por outro, porque ambas localizavam-se em colinas muito próximas.

Fazendo divisa entre elas corria um ribeirão de águas mansas. O irmão mais velho passou a não suportar mais a visão da casa do irmão mais novo, e maquinava um meio de evitar que tivesse de contemplar da sua casa a residência do outro.

Um dia pela manhã alguém bateu à porta do mais velho oferecendo-se a qualquer tipo de serviço.

Imediatamente surgiu-lhe a ideia ao atender o recém-chegado:

– Você sabe construir muro de madeira, homem?

– Para mim nenhum trabalho é desconhecido, senhor.

– Mas, veja bem... Eu quero um muro bem alto, tão alto que me impeça de ver o meu vizinho.

– Não há problema, senhor. Se me der o emprego, realizarei o seu desejo.

– Madeira não falta. Se for preciso, mando derrubar mais árvores, mas o muro tem que ser bem alto. Você me entendeu?

– Perfeitamente, senhor.

– Tem mais uma coisa: levante o muro, colocando o ribeirão do meu lado. Se aquele imbecil do meu irmão disser alguma coisa, mande ele se entender comigo. Devo viajar durante uns dias, mas deixo meus empregados para auxiliá-lo. Quando voltar, quero encontrar o muro pronto.

Combinado tudo, o homem partiu de viagem, e o trabalhador arregaçou as mangas no serviço contratado.

Ao retornar, o proprietário vinha procurando com os olhos o tão sonhado muro. Como não encontrava o objeto de seu desejo, apressou o carro para chegar até a sede.

Não conseguia acreditar no que via!

- Será que esse empregado enlouqueceu?! Estará brincando com as minhas ordens?

Lá estava a casa do irmão mais novo completamente visível aos seus olhos! E, para piorar a situação, uma ponte de madeira fora construída sobre o riacho, aproximando ainda mais as propriedades!

Porém, antes de descarregar toda a sua ira sobre o empregado, viu o irmão caminhando pela ponte, agitando os braços e falando alto, muito alegre:

- Obrigado pela ideia, mano! Uma ponte para selar a volta da nossa amizade e o esquecimento de nossas discussões. Venha, vamos nos abraçar no meio dessa ponte para recomeçar tudo como era antes...

Procurado para o devido pagamento, o empregado, com as malas nas mãos, punha-se em direção à estrada que um dia o trouxera até o local:

- Não me deve nada, senhor. Já estou recompensado. Meu pagamento foi ver a reconciliação dos irmãos...

***

Meu amigo, você tem servido algumas vezes como ponte também?

No ambiente de trabalho quando colegas se desentendem...

Em nosso próprio lar, quando o sentimento de mágoa teima em se alojar entre os familiares...

No trânsito, onde crimes se desenham nascidos de discussões pequenas...

No próprio Centro Espírita que frequentamos, quando ressentimentos se esboçam...

A vida precisa muito de "pontes", como essa da história! Essa recomendação foi relembrada por Francisco de Assis quando se colocou como instrumento da paz, onde a discórdia ameaçasse a fazer morada.

Você sabia que até em relação aos inimigos podemos construir pontes?

Joanna de Ângelis, quando nos fala sobre o amor ao próximo, leciona sobre o sentimento do amor em relação aos inimigos, assim se expressando:

*Pelo seu significado profundo (amor ao próximo), é um amor diferenciado daquele que deve ser oferecido ao inimigo, a quem se fez ofensor, projetando sua imagem controvertida e detestada por si mesmo, naquele que se lhe torna vítima. Amar a esse antagonista é não lhe retribuir a ofensa, não o detestar, não o conduzir no pensamento, conseguir libertar-se da sua diatribe e agressividade.*

Convenhamos que não é uma "ponte" impossível de ser construída, não é mesmo? Se o outro lado não deseja que essa ponte surja, comece-a no seu lado...

# XVI

# Alexandre, o Grande

> Os bens materiais, não obstante a utilidade que favorece o conforto, o progresso, a paz entre os homens quando bem distribuídos, são, às vezes, de outra forma, algemas cruéis que aprisionam as criaturas, e que, transitando de mãos, são coisas mortas, que não merecem preferência ante as verdades eternas.
>
> **Joanna de Ângelis**

VOCÊ SABE QUEM FOI ALEXANDRE, denominado "O Grande", por suas conquistas?

Também não sei muito sobre ele, mas vamos a algumas lembranças em torno dessa figura histórica.

Alexandre notabilizou-se pela sua tática nas guerras de conquista. Em 334 a.C. enfrentou o exército de Dario III e obteve a sua primeira vitória na Ásia, tornando-se o senhor da Ásia menor.

Na primavera de 333 a.C. derrotou o exército persa. Submeteu o litoral sírio e penetrou no Egito. Na primavera de 331 a.C. deixou o Egito após ter fundado Alexandria.

Depois de derrotar o império persa, Alexandre continuou suas guerras de conquista tendo terminado seus dias como senhor do mundo oriental.

Se você não prestou atenção em nada disso, não tem importância. Preste muita atenção no que esse grande conquistador fez em seu leito de morte.

Pressentindo que iria morrer, Alexandre, "O Grande", chamou seus generais e deixou três pedidos para o seu enterro. O primeiro é que o seu caixão fosse carregado pelos seus médicos.

O segundo pedido, que os objetos de ouro e prata e todas as joias preciosas conquistadas aos povos vencidos, fossem jogados no trajeto por onde o seu caixão passasse. E o terceiro, que suas mãos deveriam ser deixadas para o lado de fora do caixão.

Espantados com esses pedidos estranhos, seus generais pediram para que o Imperador explicasse esses seus três desejos.

Alexandre, então, explicou que os médicos deveriam transportar o seu caixão para que todos soubessem que a morte era certa e não podia ser vencida.

O segundo desejo, o de ver seus tesouros jogados no trajeto do seu enterro, era para mostrar que os bens materiais ficavam inevitavelmente no mundo.

Finalmente, as mãos livres para fora do caixão eram para deixar bem claro que nada trazemos ao mundo e nada levamos desse mundo.

No seu fim de vida, esse homem deixou uma bela lição para toda a posteridade, não foi?

Segundo conta a tradição, Francisco de Assis pediu

para que fosse colocado nu sobre a terra, quando se avizinhava sua desencarnação, para ensinar que partimos do mundo exatamente com aquilo que trazemos quando chegamos, ou seja, nada.

Como você acha que está o mundo de hoje? Embora não existam essas guerras de conquistas, pelo menos de forma tão aberta quanto no tempo de Alexandre, o homem deixou de tentar acumular fortunas que não pode levar?

É claro que não, infelizmente.

Tanto desespero para comprar isso, conquistar aquilo, arrebanhar isso, apoderar-se daquilo que ficará no mundo por pertencer ao mundo, e muitos ainda se lançam com voracidade sobre os valores do mundo que não poderão transportar para o outro lado da vida.

Brigamos por uma peça de roupa, por um par de sapatos, por um travesseiro, pela cama em que dormimos.

Se nós formos falar em divisão de herança, então, é um deus nos acuda: quanto mais dinheiro for deixado para os herdeiros, mais brigas ferrenhas. E se o coitado do morto deixar muito pouco, é briga também, não entre os que ficaram, mas com aquele que partiu.

O desencarnado que deixou pouco, nesses casos, recebe uma série de afrontas que vão atingi-lo no mundo dos Espíritos, porque não foi capaz de ajuntar mais herança para a suposta felicidade daqueles que ficaram na disputa. Esquecem estes que um dia também irão partir de mãos vazias...

Na questão de número 712 de *O Livro dos Espíritos*,

Kardec pergunta com que objetivo Deus ligou um atrativo aos gozos dos bens materiais.

Os Espíritos da codificação respondem que é para excitar o homem no cumprimento de sua missão, e também para prová-lo pela tentação. Que missão seria essa? O progresso material e intelectual da criatura.

Diante dessa afirmativa, Kardec volta a interrogar qual o objetivo da tentação.

Os Espíritos respondem que o objetivo é desenvolver a razão, que deve preservá-lo dos excessos.

Através dos comentários do codificador nessa mesma questão, aprendemos que, se o homem não fosse excitado ao uso dos bens da Terra, senão pela sua utilidade, sua indiferença poderia comprometer a harmonia do Universo: Deus lhe deu o atrativo do prazer que o solicita ao cumprimento dos objetivos da Providência.

Mas através desse mesmo atrativo Deus quis, por outro lado, experimentá-lo pela tentação, que o arrasta para o abuso, do qual sua razão deve defendê-lo.

Se você achou meio complicada essa explicação, basta observar o que acontece com o sexo. Se não existisse o desejo sexual, como surgiriam as formas materiais representadas pelo corpo físico para que os Espíritos reencarnassem?

Existe, portanto, a excitação em relação ao sexo, que passa a transformar-se em uma tentação para que o homem, mesmo a duras penas, passe a administrar o sexo entendendo que, através da utilização equilibrada de suas forças genésicas, passa a ser um colaborador de Deus na obra infinita do Universo.

Os bens materiais, excitando o homem, são uma forma de promover o progresso material e intelectual do planeta. Se os bens materiais não solicitassem a atenção do ser humano, tudo ficaria parado, estacionado, não haveria o progresso, o que não está nos planos da Criação.

No entanto, com o desenvolvimento da razão, o homem passará a buscar as posses materiais com equilíbrio. Possuindo tais coisas sem apego, mas compreendendo sua transitoriedade no mundo, agindo sem egoísmo, não se deixando possuir por elas. Não transformando esses bens em algemas difíceis de serem rompidas após a desencarnação.

Conquistar honestamente e empregar os bens em benefício próprio e de todos aqueles a quem possamos auxiliar. Este é o ponto que haveremos de atingir, mesmo que tenhamos que deixar muitas vezes no mundo os valores conquistados, retornando para o mundo dos Espíritos com as mãos abanando, como exemplificou Alexandre, O Grande.

# XVII

# A sogra

> A irradiação do ódio é portadora de carga destrutiva que, não raro, corrói as engrenagens do emissor como alcança aquele contra quem vai direcionada, caso este sintonize em faixa de equivalência vibratória.
>
> **Joanna de Ângelis**

CONTA UMA HISTÓRIA, cujo autor nos é desconhecido, que na China antiga uma jovem esposa passou a morar em companhia da sogra no mesmo castelo. A tradição era extremamente rigorosa: os mais jovens deviam respeito profundo aos mais velhos, mesmo que essa pessoa fosse a sua sogra...

Como nos dias atuais a coisa mudou, não?

Mas a jovem esposa mordia-se de raiva porque não suportava aquela mulher. Para dizer a verdade, odiava a mãe de seu marido.

O outro lado – a sogra – nutria um sentimento idêntico em relação àquela mulher que o filho escolhera para esposa.

Essa situação difícil era alimentada pelas duas mulheres, ocasião em que o ódio de ambas as partes se atracava como se estivesse em um campo de batalha no relacionamento diário.

Mas ela haveria de vencer! - raciocinava a moça. Mesmo que para isso ela tivesse que consultar o velho sábio do país! A sogra megera seria derrotada custasse o que custasse, continuava ela a ruminar dentro de si.

Um determinado dia, arrumando um pretexto para passear pelas cercanias do palácio, fora, na verdade, encontrar-se com o homem sábio. Expôs a ele o problema que enfrentava ao ter que suportar a presença daquela mulher, não escondendo que era recebida com a mesma agressividade por parte da outra.

O sábio baixou a cabeça por uns instantes, como se recorresse a uma fonte profunda de conhecimentos, e decretou solene:

- Minha filha... Pelo que você está a me contar não há outra solução a não ser envenenar a sua sogra.

- Envenená-la?! - exclamou a moça espantada. Queria ver-se livre da intrometida, mas não esperava ouvir do sábio uma solução tão drástica. Pensava que ele iria recomendar paciência, compreensão, humildade, submissão para com a mãe do seu marido. Mas, francamente, envenená-la?!...

Tudo estava muito bem mesmo assim. Se o homem sábio propunha que matasse a megera era porque ele a julgara também má. Melhor assim. Possuía o aval dele. Seria envenenada a mãe do seu marido.

– Está preparada para executar o plano? – perguntou o homem, olhando no fundo dos seus olhos.

– Sim, senhor. É tudo o que eu quero! Livrar-me dela seja como for.

– Vê esse pó nesse pequeno saco de couro? – perguntou balançando o objeto de cor escura. – Ele contém um veneno sutil. Cada dia, em uma das refeições, você colocará uma pequena porção no alimento de sua sogra, que será envenenada progressivamente.

A moça, com os olhos brilhantes, como se vencesse uma grande batalha, esticou rapidamente uma das mãos para recolher o pequeno saco de couro. Entretanto, mais rápido do que ela foi o velho, que encolheu o braço, não permitindo que ela alcançasse o objeto.

– O que foi?! – perguntou a jovem frustrada e espantada.

– Precisamos ser inteligentes, minha princesa!

– Como assim?! Não estou entendendo o senhor.

– Você precisa ser inteligente, para que, quando a sua sogra morrer, você não seja uma das principais suspeitas, já que vivem brigando.

– Mas o senhor não disse que o veneno vai agir lentamente?

– Sim, mas não se esqueça de que no palácio existem muitas pessoas inteligentes que poderão associar a ti a morte de tua inimiga.

– E o que devo fazer para que isso não aconteça?

– Ah! Agora você está sendo inteligente, porque começa a pensar, deixando que a razão vença a emoção. É preciso mudar o seu jeito de ser para com a mulher que você vai envenenar.

- Mudar como? Não expliquei o suficiente ao senhor que não suporto essa mulher? Como mudar em relação a ela? Eu quero que ela morra o mais rápido possível!

- Minha filha, você está de novo nos braços do desequilíbrio. Ouça-me: é preciso que você passe a tratar a sua inimiga da melhor maneira possível, para que, quando ela morrer, você não seja suspeita! Trate-a bem. Satisfaça a todos os pedidos dela. Não faça nada que a aborreça. Procure amá-la como se fosse a sua própria mãe.

- O senhor, além de sábio, deve ser louco! Como vou amar a mulher a quem odeio?

- De que adianta matá-la com o veneno se você for descoberta e condenada à morte? Deixará um marido novo, que se casará com outra. Perderá a sua posição de princesa. É isso que quer para você mesma?

- Não, claro que não! De nada adiantaria!

- Pois então. Seja inteligente para que o seu plano seja perfeito! Relacionar-se da melhor maneira possível com a sua maior inimiga para poder envenená-la sem deixar nenhuma suspeita! Será a sua vitória plena, minha filha. A escolha é sua.

A moça ruminou consigo mesma aquela ideia absurda de tratar bem a mulher a quem odiava e que desejava ver morta.

O sábio tinha razão: não podia levantar suspeita após a morte da sogra. Teria que, mesmo a duras penas, tratá-

-la bem, muito bem, para que o plano fosse perfeito. E se assim tinha que ser...

Apanhou das mãos do sábio o veneno guardado no pequeno objeto de couro e retornou ao palácio. Já naquela manhã começou a mudar o seu comportamento para com a inimiga mortal. Cumprimentou-a com humildade; sentou-se próximo dela na mesa de refeição; procurou conversar o que agradava à mulher. Contou-lhe do passeio que havia realizado, omitindo o seu encontro com o sábio.

À noite, sentando-se na sala onde a família costumava se reunir para o chá, a moça conseguiu adicionar o veneno dentro da xícara da mãe do seu marido. A morte começava a fazer morada naquela mulher que odiava com todas as forças.

Os dias foram se sucedendo sempre acompanhados pela gentileza da nora para com a sogra. No início todos estranharam, mas como aquele comportamento virasse rotina, ficaram felizes, certos de que as duas estivessem cada vez mais se entendendo. Até mesmo a própria sogra passara a sentir-se bem com a atenção da moça antes tão agressiva.

Mas o que todos não perceberam, a não ser a nora, é que sua sogra, progressivamente, mudava de atitude em relação a ela. Tratava-a cada vez mais com delicadeza, com doçura, com carinho.

Com o tempo - bendito o trabalho do amor! - queria muito bem, da mesma maneira como uma mãe ama a própria filha. Isso para o desespero da moça. Sim, porque ela não desejava mais que a mulher morresse. Mas como evitar que as doses administradas de veneno antes que o relacionamento entre as duas melhorasse, não fizesse efeito levando-a à morte?

Entrou em desespero e teve uma ideia: procuraria urgentemente o sábio para que ele fornecesse um antídoto que cortasse o efeito do veneno administrado até então. Pensou e fez com urgência, e na manhã seguinte estava na presença do sábio, revelando toda a sua angústia.

- Senhor, estou desesperada! Não quero mais que minha sogra morra! Eu... Eu...

- Diga, minha filha - atalhou o sábio.

- É que agora eu... O senhor vai pensar que estou louca...

- Abra o seu coração. Se eu achar que está louca, arrumarei um remédio para curá-la. Prometo-lhe.

- É que agora não quero mais que minha sogra morra. Eu a amo como se fosse minha própria mãe, senhor!

- Que maravilha!

- Mas, senhor... Não está entendendo?! Eu a envenenei com o pó que o senhor me arrumou. Ela irá morrer, Justo agora que eu a amo!

O sábio olhou bem nos olhos da jovem aflita e sorriu.

- Fique tranquila. O que eu dei a você não era nenhum veneno. Não faria isso, minha filha. Aquilo são apenas vitaminas que farão da sua sogra uma mulher mais forte. O maior remédio, entretanto, foi o que você acrescentou... A poção do Amor. Ao tratá-la com ternura, acabou por dar a ela e a você mesma a poção do

Amor. Na medida em que sua sogra se sentiu bem tratada, respondeu com a mesma energia. E a partir da hora em que se sentiu amada, amou também. Sua sogra, hoje, quer a ti como a uma filha! Volte e seja feliz por muito tempo, sem se descuidar de dar a ela e a todos uma pequena poção de Amor todos os dias.

***

Como temos agido em nosso dia a dia?

Temos procurado fornecer veneno através das vibrações de ódio contra quem não queremos bem, ou temos optado pela poção do Amor?

Como estamos em nosso lar ao lado do marido e da esposa; dos filhos em relação aos pais; dos genitores em relação aos filhos; entre os irmãos? Poção de veneno ou de Amor?

Como estamos em nosso trabalho? Poção de Amor com notícias otimistas na onda de pessimismo que invade o planeta ou o veneno da maledicência que não deixa passar um deslize dos colegas de trabalho?

Como estamos no trânsito? Poção de Amor compreendendo o motorista nervoso que buzina e diz palavrões ou poção de ódio revidando o comportamento desequilibrado?

Como ensina Joanna de Ângelis, o ódio, antes de atingir a pessoa que temos na mira, explode dentro de nós mesmos fazendo terríveis estragos em nossa saúde moral e física. Quantas enfermidades não nascem dos desequilíbrios colecionados? Dos sentimentos de ódio vivenciados?

"Etapa terminal do desarranjo comportamental, o ódio é tóxico fulminante no oxigênio da saúde mental e física", afirma a benfeitora.

É isso que queremos para nós mesmos quando tentamos atingir ao outro?

# XVIII

# As duas cadeiras

Li, determinada ocasião, história muito singela, que passo a reproduzir da maneira que a memória permite.

Um sacerdote foi visitar um doente a pedido da filha dele. O enfermo não tinha religião alguma, embora acreditasse em Deus. Ao bater na porta do quarto do doente, escutou o convite para que entrasse.

O padre, vendo duas cadeiras ao lado da cama, perguntou ao enfermo:

– Você já esperava minha visita, meu amigo?

– Não. Na verdade, não, senhor. Uma dessas cadeiras é para Jesus.

– Como assim, para Jesus, meu filho? Sabemos que o Senhor está em toda parte, principalmente ao lado daqueles que sofrem, mas sentar-se nessa cadeira...

– Não se assuste, não, padre. É que não sei orar. Um dia alguém me disse que quando estivesse com alguma dificuldade, colocasse duas cadeiras, frente a frente, que me sentasse em uma delas e conversasse com Jesus, como se ele estivesse sentado na outra. Em meus sofrimentos atuais tenho feito isso. Passo vários minutos de cada dia conversando com Jesus, tomando, é claro, cuidado para que minha filha não me veja e pense que estou louco.

O sacerdote, sensibilizado com a fé simples daquele coração ingênuo, incentivou-o a continuar com aquela atitude.

– Você faz muito bem, meu filho. Como nosso Mestre está em toda parte, ele, por certo, estará ouvindo suas preces, nos seus momentos mais difíceis. Guardarei o seu segredo.

Os dias se passaram, e o sacerdote, encontrando-se com a moça, perguntou pela saúde de seu pai. A moça de olhos lacrimejantes informou ao religioso que o pai havia falecido. Mas que uma dúvida a intrigava.

– Se puder ajudar, minha filha... Diga-me o que a perturba.

– O que me intriga muito padre é que meu pai tomou o seu café da manhã. Depois eu fui comprar os remédios de que ele necessitava. Quando voltei, ele estava morto.

– É doloroso encontrar o próprio pai, sem vida. Mas o que está lhe preocupando exatamente?

– É que meu pai estava com o corpo na cama, mas com a cabeça sobre o assento de uma cadeira próxima do seu leito.

O religioso abraçou a moça com ternura e disse ao seu ouvido:

– Não se preocupe, minha filha. Seu pai estava debruçado no colo de Jesus...

– Mas padre! A cadeira estava vazia!

– Aos nossos olhos, sim. Mas os olhos do coração enxergam coisas que mal podemos supor – disse o sacerdote, abraçando a jovem.

Que tal se nós puséssemos, pelo menos em pensamento, duas cadeiras em nosso quarto também?

Como nos ensina Joanna de Ângelis no livro *Messe de Amor*,

*Jesus retirou a obsediada de Magdala dos coxins de veludo e seda...*

*Curou a pobre mulher hemorroíssa, que tocou as fibras das suas vestes...*

*Devolveu à viúva de Naim o filho considerado morto...*

*Convidou Joana de Cusa para a vida imperecível, o que a levou, ao lado do próprio filho, com destemor à morte na fogueira...*

*Curou a leprosos...*

*Esclareceu a Nicodemos o que era preciso fazer para entrar no reino do céu...*

*Aliviou o obsediado gadareno, que vivia atormentado por uma legião de Espíritos...*

*Curou o servo do Centurião romano a distância...*

*Devolveu a luz aos olhos do cego de Jericó...*

*Fez refeições na casa de Zaqueu, o cobrador de impostos...*

*Movimentou os membros paralisados de Natanael.*

*O mar respeitou-lhe a ordem.*

*O vento atendeu-lhe o imperativo.*

*As doenças desapareciam ao seu contato.*

*Os anjos obedeciam-lhe a vontade.*

*Mesmo assim não se furtou à agonia, ao escárnio e à humilhação, em suprema solidão, para que a Lei fosse cumprida.*

*Todavia, entregando-se confiante ao Pai, venceu o mundo e todos os seus enganos e, mesmo depois da morte, ressurgiu glorioso, voltando ao amor para a felicidade de todos.*

***

Se você colocar a cadeira da boa vontade em sua mente para ele, não tenha dúvida que ele o visitará auxiliando.

Nas tuas horas difíceis, converse com ele. Retorne à simplicidade daquelas crianças que um dia procuraram por seu colo amoroso.

Na hora do insulto, volte-se para a "cadeira" de Jesus, respondendo com o silêncio e o perdão.

Na hora da discussão no lar, dirija-se à "cadeira" de Jesus, respondendo com a renúncia e a compreensão.

Na hora do atrito no trânsito complicado, contemple a "cadeira" de Jesus, respondendo com a paciência e compreensão.

Na hora da enfermidade, apoie-se na "cadeira" de Jesus, respondendo com a resignação daqueles que confiam em Deus.

É lógico que, pelo menos por enquanto, não temos evolução para apoiar nossa cabeça no colo de Jesus, mas com a soma do tempo bem utilizado poderemos repousar nossa cabeça no travesseiro da consciência tranquila na hora de nossa partida, o que fará uma enorme diferença!

# XIX

# Que calor!

GOSTO MUITO DE APRENDER observando a Natureza. Essa mesma Natureza pela qual passamos tantas vezes despercebidos de suas lições pela correria do dia a dia.

O reino mineral nos ensina muito em termos de organização, de coesão, de força, de união. O reino vegetal leciona sobre a sensibilidade. Já reparou na beleza da flor que desabrocha em seu jardim ou num canto apertado da sarjeta?

Os animais são os meus preferidos. Cumprem aquilo que as Leis naturais determinam. Essas leis nada mais são do que as Leis do Criador, a que eles obedecem sem reclamar.

Um dia desses, sob o calor de quase 40 graus centígrados, num dos cruzamentos da cidade onde vivo deparei no sinaleiro o ninho construído por uma rolinha! Isso mesmo, em um desses sinaleiros de trânsito de cor preta. Imaginem a cor preta sob a ação do sol causticante de pleno verão!

Como se sabe, a cor escura não dissipa o calor; ao contrário, aumenta ainda mais a temperatura, porque absorve calor. O que o pequeno animal suportava para cumprir a lei da reprodução! Os pequenos gravetos instalados entre uma luz e outra do sinaleiro, com certeza era um local de elevada temperatura. Entretanto, cumprindo a lei, o animal ali ficava chocando os ovos para que novos seres viessem à vida.

Sobre o cumprimento do dever, ensina Joanna de Ângelis: "Ser útil em toda e qualquer circunstância; favorecer o progresso, viver com dignidade, são algumas expressões do dever diante da vida".

A pequena rolinha cumpria o seu dever. Será que fazemos isso quando as situações da vida "esquentam"?

Ser útil em toda e qualquer circunstância! Será que pelo menos nas horas mais amenas da vida conseguimos nos enquadrar nessa orientação?

Sim, nas horas amenas, porque nas horas difíceis, nas horas "quentes" da existência, seria demais essa pergunta. Mas quando tudo caminha bem, é válido que esperemos estar sendo úteis em toda e qualquer circunstância.

Vejamos: se o lar está em paz, fazemos a nossa parte para que ele assim continue? Se a saúde vai bem, cuidamos da alimentação e do repouso para que ela se fortaleça? Se nós ganhamos o suficiente, controlamos nossas despesas para que a dívida desnecessária não nos tire o sossego?

Se nossos filhos caminham bem, temos tempo para o diálogo necessário ao bom rumo? Se a esposa se esforça para nos compreender, respondemos com a mesma dedicação? Se o alimento abençoa a nossa mesa, lembramos dos lares que nada possuem? Quando estamos no convívio de nossos familiares próximos, lembramos dos pacientes nos hospitais, dos velhos nos asilos, das crianças nos orfanatos?

Essa é a maneira de procurarmos nas horas mais amenas sermos úteis em toda e qualquer circunstância, como nos recomenda Joanna de Ângelis. Diz também a nobre mentora, quando nos fala em dever, que saibamos viver com dignidade!

A rolinha no alto do sinaleiro vive com dignidade. Cumpre o seu dever perante a vida. Podemos sintetizar "viver com dignidade" o ato de não fazer ao outro o que não gostaríamos que o outro nos fizesse. A lista de comportamento derivado desse ensinamento não tem fim.

Se acharmos pouco, recordemos Jesus, citado no Evangelho de João (Cap. V, vers.17): "Meu Pai trabalha desde sempre e eu também."

A mentora espiritual Joanna de Ângelis ensina que existem dois tipos de trabalho. O trabalho horizontal, aquele através do qual cumprimos as exigências que a vida nos traz para a manutenção do corpo, da família, dos compromissos de ordem material. E o trabalho vertical, que aproxima a criatura do Criador pela transformação moral. Este trabalho é o que deve ser elaborado sem remuneração de qualquer natureza, até mesmo sem a espera do reconhecimento ou da gratidão. O trabalho horizontal mantém o corpo; o vertical sustenta a vida.

De vez em quando a vida nos proporciona grandes exemplos. A doutora Zilda Arns, médica pediatra, irmã do arcebispo honorável da cidade de São Paulo, dom Paulo Evaristo Arns, é um desses exemplos que dignificam a existência.

Na década de 80, a pediatra aceitou o desafio de levar um programa de socorro a crianças carentes. Um soro caseiro feito com água limpa, duas colheres de sopa de açúcar, uma colher de sopa de sal. Funcionava de maneira heroica. Além disso, era também fornecida uma farinha, feita com folhas de determinados vegetais, que proporcionava um alimento considerável para pessoas vitimadas pela pobreza e pelas doenças.

Foi um sucesso. A mortalidade infantil baixou de maneira maravilhosa, e a abnegada médica, a serviço do amor ao próximo, expandiu o seu trabalho para 70% do território brasileiro, como também para as fronteiras além da nossa pátria.

Missionária do amor, Zilda Arns levou o trabalho heroico a vários outros países onde a pobreza e as enfermidades faziam mais vítimas. O sucesso no solo brasileiro se repetiu nesses rincões distantes.

Por ocasião do terremoto que atingiu o Haiti, em janeiro de 2011, Zilda desencarnou em pleno exercício do amor que a levou para trabalhar naquele país. Essa senhora cumpriu o que Joanna de Ângelis nos recomenda: "Ser útil em toda e qualquer circunstância, favorecer o progresso, viver com dignidade..."

Doutora Zilda foi uma alma que, no sinaleiro da

vida, sempre esteve no sinal verde. Trabalhou como o Pai, desde sempre.

Como estamos nós no sinaleiro da existência? Parados no sinal vermelho, entregues ao egoísmo e à preguiça? Ou já nos sentimos incomodados com a nossa falta de participação nos problemas do próximo e, portanto, no sinal amarelo da vida?

Ou, quem sabe, para a nossa própria felicidade, para a nossa consciência já se acende o sinal verde do trabalho que nos permite ser úteis em toda e qualquer circunstância, promovendo o progresso e vivendo com dignidade?

# XX

# Fazendo as contas

A medida de um ser saudável é identificada através da sua conduta pessoal em relação a si mesmo e àqueles com quem convive.
**Joanna de Ângelis**

NO LIVRO *Fonte viva*, da lavra mediúnica de Francisco Cândido Xavier, Emmanuel ensina que tudo no Universo funciona como uma máquina absolutamente perfeita, onde cada um de nós, sem exceção, é uma peça perfeita.

Segundo o honorável mentor de Chico Xavier, não existe nada sem significação. Veja bem que a palavra não inclui toda a criação de Deus, inclusive no aspecto material da existência. Ora, se até as coisas materiais por mais insignificantes que sejam, têm algum sentido na obra da criação, que se dirá de nós, então, Espíritos imortais?!

Tanto isso é verdade, que Emmanuel afirma o seguinte:

*Nada existe sem significação.*

*Ninguém é inútil.*

*Cada criatura recebeu determinado talento da Providência*

*Divina para servir no mundo e para receber do mundo o salário da elevação.*

*Velho ou moço, com saúde do corpo ou sem ela, recorda que é necessário movimentar o dom que recebeste do Senhor, para avançares na direção da Grande Luz.*

*Ninguém é tão pobre que nada possa dar de si mesmo.*

*O próprio paralítico, atado ao catre da enfermidade, pode fornecer aos outros a paciência e a calma, em forma de paz e resignação.*

Agora vem o mais grave:

*Lembra-te que as horas são as mesmas para todos e de que o tempo é o nosso silencioso e inflexível julgador.*

Devido a essa última afirmação de Emmanuel, convido você a fazer comigo uma conta.

Chico Xavier começou seu serviço na mediunidade aos 17 anos de idade. Desencarnou aos 92 anos trabalhando na medida em que o seu corpo material permitia. Dessa maneira, Chico trabalhou 75 anos em favor do seu próximo. Setenta e cinco anos, transformados em número de dias, alcançam o fabuloso total de 27.375 dias!

Se esses dias forem transformados em horas, Chico alcançou a cifra de 657 mil horas de trabalho no bem do seu semelhante! A essa altura dos acontecimentos, muitos perguntam se o Chico não dormia! E, quem o conheceu, sabe que ele descansava muito pouco, recolhendo-se ao leito apenas três ou quatro horas por madrugada. Só que, mesmo essas horas, precisamos devolver a ele porque, durante o sono do corpo, Chico trabalhava no mundo espiritual...

Vamos fazer outra conta?

Dona Aparecida Ferreira, a fundadora do Hospital do Fogo Selvagem de Uberaba, Minas Gerais. Esse Espírito grandioso, consciente de sua responsabilidade, iniciou o socorro às vítimas dessa grave enfermidade numa época em que os doentes eram altamente discriminados, pelo receio do contágio, fruto do desconhecimento. Os pacientes, muitos deles, transformavam-se em chagas vivas.

Dona Aparecida caminhava pelas ruas da cidade mineira solicitando auxílio para dar início à construção de um local que os abrigasse do preconceito público e permitisse o tratamento da grave moléstia.

Sabe por onde essa mulher grandiosa iniciou sua doação aos necessitados?

Dentro do próprio lar! Você teria essa coragem, esse desprendimento?

Contestada pelo marido e pelos filhos – "Ou a senhora fica com eles ou fica com a gente". Dona Aparecida foi incisiva: – "Se tiver que escolher, eu prefiro ficar com os doentes."

Você também faria essa escolha?

Essa mulher foi incompreendida e difamada pela ignorância daqueles covardes morais que, não tendo o mínimo gesto de boa vontade para com a dor alheia, tentaram denegrir-lhe a imagem. Ela foi acusada de aproveitar do dinheiro que arrecadava para construir, como construiu, o Hospital do Fogo Selvagem.

Estaria ela, na opinião daqueles que passam pelo mundo servindo-se do mundo, utilizando o dinheiro para enriquecer?

Aborrecida, procurou pelo Chico e abriu o seu coração, confessando o desejo de parar diante de comentários tão maldosos. O médium, num conselho bem-humorado, disse a ela: "Se desistir agora, eles vão dizer que já roubou o suficiente..."

Então, ela continuou. Para desmascarar a mentira! Essa mulher que começou em 1958 abrigando 12 doentes em seu próprio lar, em 1961 tinha 363 enfermos sob sua responsabilidade! Trabalhou por mais de 50 anos. Fazendo as contas, doou mais de 18.250 dias de trabalho ao próximo ou, se preferirem, mais de 438.000 horas a serviço aos que sofrem.

Resultado?

Segundo o honorável tribuno Divaldo Pereira Franco, logo que recebeu a notícia de seu falecimento, afirmou: "Recebida com júbilos por verdadeira multidão capitaneada pelo apóstolo Chico Xavier, mais uma estrela retorna ao zimbório espiritual para iluminar a noite das almas errantes e sofredoras na Terra."

Contas como essas poderemos ir fazendo com outros vultos que se imortalizaram na obra do amor ao próximo. Madre Teresa de Calcutá, Irmã Dulce da Bahia, Albert Schweitzer, Gandhi...

Uma conta, entretanto, não se pode deixar de fazer: a nossa própria! O seu melhor momento é o dia de hoje, porque o amanhã não se sabe se virá, e o passado não retorna jamais.

Para que você possa fazer a sua conta em paz, vou encerrando e pegando no lápis para fazer a minha também...

# XXI

# Lázaros de hoje

JÁ IMAGINARAM SE, num velório, o padre, pastor ou dirigente espírita - aquele que estivesse conduzindo as preces - trouxesse o morto de volta à vida?

O autor dessa proeza, que sabemos impossível, ficaria incomensuravelmente famoso. Seria falado e relembrado para sempre. Imortalizado estaria também o padre, o pastor ou o dirigente espírita.

Relembremos um fato do Evangelho que nos fala da vida de Jesus. Todos já ouviram ou leram sobre Lázaro, o homem que foi chamado de volta à vida. Muitos conhecem a história, mas de forma superficial, e creem que Jesus teria mesmo devolvido a vida física ao seu amigo Lázaro, retirando-o da tumba, na qual fora indevidamente colocado.

Dizemos indevidamente sepultado porque, em verdade, Lázaro não havia desencarnado, uma vez que o Espírito - e queremos insistir nisto -, se houvesse se desligado completamente do corpo físico, não poderia retornar a este. Lázaro não morrera de fato, e sua morte era aparente.

Se atentarmos para além dos limites materiais, poderemos entender que Jesus chamava Lázaro de volta aos valores da vida espiritual. Não poderia transgredir as leis divinas, devolvendo a vida a um corpo que, se estivesse de fato morto, estaria putrefato, já que haviam se passado quatro dias desde o sepultamento.

Da mesma forma, Jesus viera para cumprir a Lei, como ele próprio afirmou, e não poderia, portanto, violar essa Lei, trazendo o Espírito de Lázaro de volta ao corpo. Como o Espiritismo veio elucidar, uma vez desligados os liames que ligam o Espírito à matéria, refazer esse laço é absolutamente irreversível.

Lázaro estava, mesmo, num estado de sono cataléptico, no qual os sinais de existência de vida diminuem muito. Diminuem tanto, que a pessoa passa a ter aparência de morta. Os batimentos cardíacos caem para um mínimo. A respiração, da mesma forma, fica imperceptível. A cor da pele perde o rosado natural e assume a cor cérea, e a pessoa é tida como realmente morta. Ainda mais naquele tempo, em que a Medicina dispunha de menos recursos do que hoje.

Narra o *Evangelho de João* (Cap. 12, vers. 11) que muitos judeus passaram a visitar Lázaro e também passaram a acreditar em Jesus. Aquela mesma curiosidade doentia que existe hoje, quando a televisão e jornais anunciam tragédias que atraem milhares de ouvintes e leitores, naquela época isso também já existia. Devido a essa curiosidade mórbida, doentia, centenas de judeus procuravam Lázaro, a quem, segundo eles, Jesus havia ressuscitado e, através de Lázaro, passaram a conhecer e a admirar a Jesus, por aquilo que chamavam verdadeiro milagre.

Meu amigo, minha amiga. Os Lázaros de hoje em dia... Vocês sabem quem são? Todos os que Jesus trouxe de volta da morte dos valores materiais para a vida dos valores espirituais. Podemos dizer que todos os cristãos são os Lázaros de hoje!

Ensina Emmanuel, por meio de Chico Xavier, no livro *Caminho, verdade e vida*:

*A situação, todavia, é idêntica nos dias atuais. A alma voltada para o Cristo quase sempre foi ressuscitada por seu amor, escapando à sombra dos pesadelos intelectuais que operam a morte do sentimento...*

*Muitos homens estão mortos, soterrados nos sepulcros da indiferença, do egoísmo, da negação. Quando um companheiro, como Lázaro, tem a felicidade de ser tocado pelo Cristo, eis que se estabelece a curiosidade geral em torno de suas atitudes. Todos desejam conhecer-lhe as modificações.*

*Se tu és, portanto, um beneficiado de Jesus; se o Senhor já te levantou do pó terrestre para o conhecimento da vida infinita, recorda-te de que teus amigos, na maioria, têm notícias do Mestre...*

Já imaginaram a responsabilidade que temos? Jesus será revelado, por meio de cada cristão, a todos aqueles que nele não creem ou não o conhecem! Somos os embaixadores do Cristo!

Dessa maneira, quando alguém bater no portão de nossa casa, essa pessoa conhecerá Jesus através de nossa atitude para com ela. Dali, da porta de nossa residência, aquele que pede, sairá acreditando ou descrendo de Jesus. Dependerá da nossa atitude.

Quando no lar o marido coloca uma palavra ríspida num momento de nervosismo, após um dia extenuante de trabalho, a esposa ficará conhecendo Jesus através das palavras e atitudes do cônjuge. A situação inversa também é verdadeira. Esse homem poderá crer e admirar profundamente a Jesus, ou não, dependendo do que receber da esposa, que se intitula cristã, na convivência diária.

No trânsito, quando somos fechados ou desrespeitados de alguma maneira, Jesus será conhecido ou admirado de acordo com a nossa reação. Poderá ocorrer que, aquele que nos agride ou prejudica, venha descrer totalmente do Cristo, dependendo do que possa "ouvir" de nossos lábios ou "ver" em nossas atitudes e escolhas.

Quando a fofoca provoca coceira em nossa língua, nosso semelhante verá Jesus em nossa atitude de extinguir o mau comentário ou na opção de mandar para frente o falatório maldoso.

Quando proporcionamos respeito a um animal - irmão nosso na obra da Criação! - estaremos engrandecendo a figura do Mestre. Quando ferimos com abandono ou maus-tratos uma criatura de Deus, nos tornamos indignos da figura daquele a quem dizemos seguir, porquanto estamos representando muito mal a quem temos como modelo e guia.

Emmanuel encerra da seguinte maneira esse ensinamento:

*Serás tu, como Lázaro, o ponto de observação direta para todos eles. Somente começarão a receber a claridade da crença sincera por ti, reconhecendo o poder de Jesus pela transformação que estejas demonstrando.*

Pois é, meu amigo, minha amiga. Como o Cristo tem sido visto através de nossas atitudes, os Lázaros de hoje?

# XXII

# A vontade de Deus

E esta é a confiança que temos para com Ele,
tal que, se pedimos alguma coisa segundo
a Sua vontade, Ele nos ouve.
**João (Cap. V, v. 14)**

NA ORAÇÃO DO PAI NOSSO, ensinada por Jesus, dizemos: "Seja feita a Sua vontade, assim na Terra como no Céu". Quantas vezes já repetimos essa rogativa? A afirmativa do apóstolo João está nos relembrando a mesma coisa. Temos conseguido aceitar isso que repetimos pelos anos afora? Como saber se temos?

É muito fácil. Recordemos o acontecimento que vitimou o lar de Chico Xavier. Um dos irmãos do médium caiu enfermo com gravidade. A família esperava que os espíritos o curassem, como faziam a outros doentes, por intermédio de Chico. Não podemos esquecer que apenas Chico era espírito missionário. Os irmãos eram pessoas comuns, como nós mesmos. Sim, como nós mesmos, quando oramos o Pai Nosso e repetimos "seja feita a vontade de Deus".

Mas na hora da dificuldade queremos que a nossa vontade seja satisfeita. E assim aconteceu em Pedro Leopoldo também. Esperavam o pai de Chico e seus irmãos que o enfermo se restabelecesse com a intervenção dos espíritos que trabalhavam através do médium mineiro. O quadro era de extrema gravidade. Se a desencarnação não ocorresse, o doente ficaria na cama pelo resto da vida sem conseguir reconhecer mais ninguém.

Num desses dias, de apreensão em família, Chico Xavier viu vários espíritos reunidos em torno do leito do irmão doente. Perguntou, então, a Emmanuel o que estava acontecendo.

O mentor espiritual explicou-lhe que pediam a Jesus a autorização para que o enfermo desencarnasse, em vez de ficar preso ao corpo por vários anos em vida vegetativa. A misericórdia se fez presente, e o irmão de Chico pôde partir para a pátria espiritual. Francisco Cândido Xavier pôde compreender esse ato de extrema bondade de Deus. O pai e os irmãos, não. Queriam que o parente tivesse sido curado.

Por isso, João afirma que, se pedirmos alguma coisa a Deus segundo a vontade d'Ele, seremos ouvidos. Não podemos, no entanto, esquecer que, entre os interesses do homem físico e o Espírito imortal, Deus atenderá aos interesses deste último. Deus investirá, preferimos dizer, no ser imortal, o Espírito. Ele nos atenderá segundo o que for melhor para o ser destinado à imortalidade, o Espírito.

Por isso, muitas vezes nos revoltamos, protestamos,

até mesmo com blasfêmias, porque, segundo o nosso entendimento, o ser físico deveria ser o privilegiado. Raciocinemos: todo investimento feito no homem termina no túmulo, e todo investimento feito no Espírito permanece para sempre a seu lado, acompanhando-o por onde for.

Quantas vezes não tentamos ganhar na loteria julgando que isso seria o melhor para nós? Segundo a vontade de Deus as coisas não são assim, e vivemos errando os números porque o dinheiro farto e ganho de maneira fácil poderia nos abrir as portas de várias tentações.

Quantas vezes não suplicamos pela saúde, e a doença continua de nosso lado como uma fiel instrutora? Porque, segundo a vontade de Deus, que nos conhece há milênios, em tal circunstância ou reencarnação, a enfermidade é a melhor conselheira.

Quantas vezes não procuramos por uma mulher perfeita, a "Amélia", da canção consagrada, e recebemos por companhia alguém que não nos entende tanto assim? É que, segundo a vontade de Deus, naquele momento da nossa evolução, aquela companhia contém as lições ou os exercícios de que necessitamos mais.

Quantas vezes, procurando por um príncipe encantado (guiando não um bonito alazão, mas, sim, uma lindíssima Ferrari), encontramos alguém que nada tem de príncipe e muito menos o carrão italiano? É que, segundo a vontade de Deus, aquele companheiro é exatamente o problema que precisa ser resolvido para passarmos adiante.

Daí a sábia recomendação de Emmanuel, que nos ensina a formular corretamente nossa rogativa ao Senhor, orando com humildade, reconhecendo as próprias dificuldades e pedindo inspiração na tomada das decisões a fim de resolver os problemas.

E também, continua o benfeitor espiritual, suplicando ao Senhor que nos ilumine o entendimento, para que saibamos receber, dignamente, o desfecho dos acontecimentos. Como fez o Chico, diante da desencarnação do irmão, que iria permanecer no leito por anos seguidos, caso não desencarnasse.

Em *Plenitude*, o mesmo Emmanuel ensina, na página "Recursos e caminhos":

*Quando encarnados no plano físico, se na posição de enfermos, costumamos implorar do Céu a dádiva da saúde corpórea, na expectativa de obter um milagre, e, às vezes, o Céu responde-nos com a imposição de um bisturi, que nos rasga as entranhas, de maneira a reconstituir-nos o equilíbrio orgânico.*

*Rogamos a Deus a presença da felicidade, em nossos dias, segundo a concepção com que a imaginamos, mas somos, via de regra, portadores de certos defeitos, que nos impediriam acolhê-la, sem agravar as próprias dívidas, e Deus, em muitos casos, nos envia, primeiramente, o espinho da provação, que nos faculta a experiência precisa para recebê-la em momento oportuno, como determina o recurso operatório para o corpo doente, antes que se lhe restaure a saúde.*

*Oraremos, sim; no entanto, é imperioso, em matéria de petição, rogar isso ou aquilo ao Senhor, sempre de acordo com a Sua Vontade, porque a vontade do Senhor inclui, invariavelmente, a harmonia e a felicidade de nossa vida.*

Quem sabe, agora, possamos orar o Pai Nosso, na rogativa *seja feita a vossa vontade,* de maneira a entender melhor o que falamos com os lábios, mas não aceitamos com o coração...

# XXIII

# Substituição

NINGUÉM É INSUBSTITUÍVEL! Quem de nós já não ouviu ou leu essa afirmação? Assinale aqui se considera a afirmativa Verdadeira ( ), Falsa ( ) ou Depende ( ).

Antes de avaliar a resposta, vamos raciocinar. Se uma mulher ficar viúva ou for abandonada pelo marido e conseguir arrumar outro parceiro de bom caráter, de alguma maneira ela estará substituindo o marido. Poderá substituí-lo de uma maneira melhor, pior ou relativamente equivalente, mas a substituição ocorrerá.

Da mesma forma, se um homem for abandonado pela esposa e conseguir outra companheira de boa índole, de bom coração, estará substituindo a mãe de seus filhos, que, por um motivo ou por outro, deixou a prole só com o marido. Um exemplo foi dona Cidália, o anjo bom que se casou com o pai de Chico Xavier e acolheu todos os filhos de dona Maria João de Deus, como se tais dela fossem.

Se um pedreiro é demitido, outro ocupará o seu

cargo. Se uma professora se afasta, uma substituta será convocada.

Dessa maneira, se escolheu a primeira alternativa, você errou, não é mesmo? Ou estará meio certo e meio errado? Ficou confuso?

Emmanuel vai nos esclarecer. Na página "Teus encargos", esclarece o bondoso guia espiritual de Chico Xavier:

*Sem dúvida que outros conseguem substituir-te, no trabalho a que te entrosas; no entanto, em se tratando de ti, é justo recordes que Deus fez-nos, a todos, espíritos imortais com o dever de aprimorar-nos até que venhamos a identificar-nos inteiramente com o seu Infinito Amor, conservando, embora, em todo tempo e em qualquer parte, a prerrogativa de seres inconfundíveis da Criação.*

Dessa maneira, a resposta do teste acima fica muito fácil: aos olhos dos valores materiais, ninguém é insubstituível, mas perante os planos de Deus somos insubstituíveis! Quando você se achar uma criatura dispensável da vida, Deus te aguarda para que realizes os planos d'Ele!

Quando fomos criados, o convite para caminharmos até a perfeição foi feito individualmente, Espírito a Espírito, de Deus para você. Diante de Deus, José não substitui João, nem João pode ficar no lugar de José. Você foi convidado por Ele e somente você poderá realizar o plano d'Ele.

Para que isso possa ocorrer, conforme continua ensinando Emmanuel na mesma página citada, "cada qual de nós, conforme as leis que nos regem, encontra-se, hoje, no lugar certo, com as criaturas adequadas e nas circunstâncias justas, necessárias ao trabalho que nos compete efetuar, na pauta de nosso próprio merecimento". Como ser mais claro? Continua ainda o benfeitor: "Seja em casa ou na oficina, no grupo de serviço ou na tela social, és uma peça consciente na estrutura da vida, desfrutando a possibilidade de criar, agir, colaborar e fazer, na elevação da própria vida".

É muito fácil. Recordemos uma pequena história.

Um homem ganhava a vida carregando água de um lugar para outro em dois grandes jarros, presos, cada um deles, a uma trave sobre os ombros.

Um dos jarros era trincado e derramava pequenas quantidades de água pelo caminho percorrido pelo trabalhador. Ao final de um longo período ele parou para agradecer a colaboração dos dois jarros que o ajudavam a ganhar o pão de cada dia.

O jarro trincado, todo envergonhado, disse ao dono que ele, o jarro partido, não correspondia corretamente aos anseios do seu dono já que derramava água pelo caminho. O homem justo e observador explicou o seu agradecimento esclarecendo que a água derramada pelo vaso trincado permitiu que flores crescessem nos locais onde o líquido precioso era derramado todos os dias.

Somos assim perante a Providência Divina. Mesmo quando esquecidos pelos homens, nas mãos de Deus somos o jarro trincado que sempre poderá colocar uma coisa positiva na vida, desde que assim nos disponhamos a fazer. Por isso, perante Deus, somos insubstituíveis...

Se você concorda, marque com um X a alternativa "Depende" do teste que iniciou este capítulo.

# XXIV

# Gripe e obsessão

Creio que o título é bastante estranho, mas me dê apenas algumas linhas de leitura e vou demonstrar que existe muita coisa em comum entre a gripe e a obsessão.

Durante séculos e séculos a tuberculose levou à morte milhões e milhões de pessoas. Somente com o surgimento do microscópio no século XIX, o pesquisador pôde encontrar, examinando o catarro de pessoas tuberculosas, o bacilo, denominado Koch, responsável pela transmissão da moléstia.

Da mesma forma, durante muitos séculos a lepra levou à morte milhões de pessoas, sob as marcas de dolorosas deformidades físicas. Com o surgimento do microscópio, examinando-se a secreção extraída das lesões do corpo das pessoas vitimadas, descobriu-se o bacilo, denominado Hansen.

Mesmo não se conhecendo o bacilo de Koch e o bacilo de Hansen, o homem não deixou de se tornar tuberculoso ou hanseniano, antes do surgimento do microscópio.

Você não vê o vírus da gripe, mas fica gripado, porque ele, o vírus, existe independentemente se o paciente o vê ou não. Ele simplesmente existe e causa o mal.

Vamos para um raciocínio semelhante. Na questão 87 de *O Livro dos Espíritos*, fica esclarecido para toda a Humanidade que:

*Os Espíritos estão por toda parte. Povoam infinitamente os espaços infinitos. Estão sempre ao vosso lado, observando e agindo sobre vós sem o perceberdes, porque os Espíritos são uma das forças da Natureza e instrumentos de que Deus se serve para a realização dos Seus desígnios providenciais; mas nem todos vão a toda parte, pois há regiões interditadas aos menos adiantados.*

Não vemos os espíritos, o que não impede que eles existam, da mesma maneira que o vírus do resfriado existe e transmite a doença, indiferentemente se acreditamos nele ou não.

Tem mais. Na questão 459, da mesma obra, em que Allan Kardec pergunta se os espíritos influem sobre os nossos pensamentos e as nossas ações, a resposta é categórica:

*A esse respeito sua influência é maior do que credes, porque, frequentemente, são eles que vos dirigem.*

Está ficando mais claro o título acima? Se não está, vamos continuar mais um pouco.

Na questão 85, do citado livro, Kardec interroga qual dos dois mundos, o espiritual ou o material, é o mais importante. A resposta é clara: *O mundo espírita; ele preexiste e sobrevive a tudo.*

Ora, como vimos, os espíritos estão no nosso mundo material e não apenas num mundo espiritual distante do nosso. Convivem conosco no dia a dia como convivem conosco o bacilo de Koch, o bacilo de Hansen e o vírus da gripe.

Podemos, portanto, contrair tuberculose, lepra, gripe ou alguma enfermidade da alma, que é muito mais grave, porque vitima a parte imortal que é o próprio espírito. Esse mal tão grave assim chama-se obsessão. Não vemos os espíritos, mas eles existem, creiamos ou não na sua existência e mesmo que não possamos vê-los, à semelhança da tuberculose, da lepra e da gripe.

Estabelecida essa realidade, muitos acham que é necessário sofrer uma grave ofensa, uma injúria, um crime por demais ignóbil para que alguém esteja suficientemente vulnerável e suscetível de ser atingido pela enfermidade espiritual, a obsessão. Mas não é assim.

Ensina Emmanuel na página "Obsessões", no livro *Segue-me*, que os processos obsessivos nascem de bagatelas como: um grito de cólera, uma frase pejorativa, o momento de irritação, a tristeza sem motivo, a indisposição descontrolada.

Muitas pessoas acham que somente serão vítimas da obsessão quando cometerem grandes crimes: tirar a vida física de alguém, praticar um estupro, assaltar uma casa, realizar um sequestro. Mas não! Nas pequenas atitudes de desequilíbrio podemos estar abrindo a brecha necessária para que o obsessor encontre a oportunidade que procurava.

Emmanuel finaliza a página com o seguinte ensinamento:

*As obsessões que envolvem individualidades e equipes quase sempre partem de inconveniências pequeninas, que devem ser evitadas, qual se procede com o minúsculo foco de infecção.*

*Para isso, dispomos todos de recursos infalíveis, quais sejam: a dieta do silêncio, a vacina da tolerância, o detergente do trabalho e o antisséptico da oração.*

Como nos propusemos a explicar, sob o estranho título de "gripe e obsessão", da mesma forma como os germens nos atacam a saúde física, quer acreditemos neles ou não, quer os vejamos ou não, os espíritos desencarnados que convivem conosco, sob o manto da invisibilidade e de nossa descrença, podem nos causar profundas enfermidades da alma, que é muito bom sejam prevenidas.

Por isso, na oração do Pai Nosso, Jesus nos ensina dizer: "Não nos deixeis cair em tentação, mas livrai-nos do mal."

# XXV

## Onde está Deus?

LI UMA PÁGINA MUITO BONITA de Rubem Alves no seu livro *O Deus que conheço*. Ele é um escritor excepcional. Não bastasse isso, Rubem Alves é também teólogo, psicanalista, pedagogo, poeta, filósofo, membro da Academia Campinense de Letras, professor emérito da Unicamp e cidadão honorário de Campinas, cidade paulista, onde recebeu a medalha Carlos Gomes de Contribuição à Cultura.

Por tudo isso, peço que preste atenção nas linhas que se seguem. Não devemos travar batalhas com o livro que estamos lendo. Ele, o livro, não está nos desafiando em nossa velocidade de leitura. Se existe um desafio, é para que saibamos saborear o conteúdo de suas páginas. Quem saboreia, tem que fazê-lo devagar o bastante para que nenhum detalhe fuja da sua percepção.

Conta Rubem Alves, em sua página intitulada "Conversa teológica entre pai e filho", que a criança dirigindo-se ao pai, perguntou:

– Papai... Por que é que nós vamos à igreja?

O pai rapidamente respondeu:

– Porque a igreja é a casa de Deus, meu filho.

O menino, em sua inocência, perguntou novamente:

– Mas em qual igreja Deus mora? Elas são tantas!

– Deus mora em todas elas, meu filho. Ele é capaz de morar em todas ao mesmo tempo.

A criança retornou ao diálogo:

– Mas Deus mora por inteiro em cada uma de suas igrejas ou mora em pedaços em cada uma delas?

– Mora por inteiro. Deus não existe em pedaços. Ele é capaz de morar em todas.

– Papai... – voltou a perguntar a criança. – Se Deus mora nas igrejas, quer dizer que fora delas Ele não mora?

– Deus, meu filho, mora em todos os lugares. Fora das igrejas também.

– Até na Lua, nas estrelas, nas montanhas e nos desertos?

– Claro, meu amor. Mora em todos esses lugares e em qualquer outro que você imaginar.

– Quer dizer que Deus mora em nossa casa também?

– Sim! Deus está sempre em nossa casa.

– Papai! – insistiu a criança. – Se Deus está em todos os lugares, porque é preciso ir à igreja para encontrar com Ele como você e a mamãe dizem?

– Ah! Porque na igreja Deus é mais poderoso.

– Mas, papai... Existem lugares onde Deus é mais poderoso e outros onde Ele é menos poderoso?!

– Sim! Existem lugares onde Deus é mais poderoso.

Como na igreja. Lá é mais fácil de acontecer milagres. É por isso que as pessoas buscam a Deus nas igrejas. Sendo mais poderoso, nelas os milagres podem ocorrer de maneira mais fácil.

O pai que já estava se sentindo meio apertado contra a parede pelo raciocínio do filho, teve que ouvir mais essa pergunta embaraçosa:

- Quer dizer, então, papai, que as pessoas procuram por Deus para receber milagres? Se Ele não fizesse milagres, as pessoas não procurariam por Deus?

O pai ficou enroscado na resposta:

- Bem...

E como se não bastasse, recebeu outra pergunta complicada da criança:

- O senhor falou que na igreja Deus é mais forte. Então, fora das igrejas Ele é mais fraco. Se for assim, o Deus mais forte é mais forte do que o Deus mais fraco? Quem é mais Deus, então? A reza que se faz em casa é mais fraca do que a reza na igreja onde Deus é mais forte?

- Não é bem assim, meu filho. É que...

Recebeu do menino mais uma pergunta difícil, que o colocou de vez em xeque:

- O Deus mais fraco é tanto Deus quanto o Deus mais forte?

- Sim. Ambos continuam sendo Deus.

- Eu pensava que Deus era forte sempre, igual, na Lua, na rua, na igreja, na casa, na favela, nas prisões... Deus está também nas prisões, papai?

- Deus está em todo lugar. Também nas prisões.

O xeque-mate, do filho ao pai, se aproximava:

– Se Deus é tão forte e pode fazer tudo que deseja, por que Ele não faz com que os homens maus se tornem bons? Assim Ele esvaziaria as prisões e acabava com o crime e o sofrimento.

Agora, o xeque-mate:

– Eu gostaria que Deus estivesse com a mesma força em todos os lugares. Se Deus é todo-poderoso e sabe todas as coisas, Ele não poderia ter evitado o *tsunami*, os furacões, os terremotos, as corrupções? Eu vejo, na televisão, homens corruptos fazendo peregrinações...

O pai, derrotado nas respostas, argumentou:

– Filho... Estou com fome. Vamos comer um hambúrguer com coca-cola?

Você já esteve numa conversa onde a melhor opção seria tomar um refrigerante ao invés de prosseguir o diálogo? Esta foi a saída daquele pai ante os questionamentos verdadeiros do próprio filho.

Aproveitando essa bela narrativa de Rubem Alves, vou relembrar um fato com você.

Determinado dia encontrei uma senhora, que ficou muito feliz por esse encontro casual, devido a um problema que queria comentar comigo. Chegou mesmo a dizer que fora Deus quem havia me colocado no caminho dela.

Brinquei, lembrando-a de que o Criador, sendo infinitamente bom, teria colocado pessoa melhor no caminho dela. O problema, na verdade, era de uma amiga dela. Essa pessoa tinha um filho que vivia pedindo à mãe que fornecesse provas de que Deus existia. Relatou que a mãe do menino era espírita.

Diante dessa realidade ficou fácil a orientação: recomendei que a senhora lesse ou relesse junto ao filho a pergunta de número 4 de *O Livro dos Espíritos*. Nessa pergunta, lembrei à minha interlocutora, Kardec indaga onde se pode encontrar a prova da existência de Deus. A resposta dos Espíritos - que atenderia certamente aos anseios da criança - é categórica: *Num axioma que aplicais às vossas ciências: não há efeito sem causa. Procurai a causa de tudo o que não é obra do homem, e vossa razão vos responderá.*

Com essa colocação estava resolvido o problema da mãe aflita diante da incredulidade do filho. Entretanto, a senhora, que comigo conversava, disse-me que a mãe já havia feito isso, e o menino continuava a pedir a ela as provas da existência de Deus. Corri o pensamento da maneira como só o pensamento pode ser ágil e disse a ela:

- Vamos, então, inverter a pergunta.

- Como assim? - perguntou-me curiosa.

- Disse-lhe então: oriente a sua amiga para fazer outra pergunta ao filho.

- Que pergunta é essa? - indagou mais curiosa ainda.

- É muito simples. A receita é dada pelo doutor Bezerra de Menezes. Quando esse benfeitor estava ainda encarnado, numa reunião pública um materialista pediu ao bondoso médico a prova de que Deus existia. Doutor Bezerra, percebendo que aquele homem não desejava ser convencido de nada, mas apenas tumultuar o ambiente, pensou um pouco e respondeu ao descrente: "Forneça-me você a prova de que Ele não existe".

Dessa maneira, invertendo o questionamento, a mãe, com certeza estará dando muito que pensar ao filho indagador. Não sei até hoje qual foi o resultado da sugestão, mas tenho a impressão de que nessa hora foi o filho quem convidou a mãe para que fossem tomar uma coca-cola e comer um hambúrguer...

# XXVI

# Saindo do coração

Não é o que entra pela boca que contamina o homem, mas sim aquilo que, impropriamente, lhe sai do coração.
**Jesus**

COMO OS HOMENS DO SEU TEMPO eram muito apegados a atitudes exteriores, Jesus utilizava-se dos hábitos vigentes no campo ou no templo para ensinar. A prática do jejum entre os judeus, por exemplo, o costume de lavar as mãos antes das refeições e o zelo exacerbado com o que deviam ou não deviam comer, entre outras coisas, eram seguidos à risca.

Observando as contradições desse comportamento, Jesus adverte que o que faz mal ao homem não é o que entra pela boca, mas o que sai do coração. E isso é o que causa mal.

Nos tempos atuais, com tanto progresso da Medicina, ninguém vai afirmar que o excesso de gordura, de açúcar, de bebida, de cigarro, de todo o tipo de desequilíbrio, seja saudável. É evidente que não.

Apesar de todo o cuidado que se tem com a saúde

física - como bem se vê nas pessoas, de todas as idades, caminhando nos parques, frequentando academias, disputando maratonas extenuantes, procurando orientação de nutricionista para uma alimentação saudável –, aquilo que impropriamente sai do nosso coração continua, infelizmente, a nos fazer muito mal.

Vejamos uma pequena história.

O menino voltou muito aborrecido da escola, por causa de um coleguinha, da mesma classe, com quem havia se desentendido. Entrou colérico dentro de casa, o que não passou despercebido aos olhos atentos do pai.

Depois que o filho adentrou o quarto, trancando a porta, aquele homem experiente aguardou alguns minutos e, então, bateu à porta, anunciando sua presença:

- Filho... Posso entrar?

O silêncio foi a resposta. Aguardou mais um pouco e tornou a perguntar:

- Filho... Posso entrar? Queria falar com você.

Sem responder, a criança abriu a porta, não encarando o pai, que, paciente, buscou o diálogo:

- Aconteceu alguma coisa na escola? Você parece aborrecido, irritado.

- Aconteceu sim - respondeu a criança com a cara feia. - Fiquei com vontade de bater em um colega, de tanto ele me encher.

- Vamos fazer uma coisa? Venha comigo até o quintal que quero propor a você uma brincadeira que vai fazê-lo sentir-se vingado do seu colega.

Ao ouvir essa colocação, o menino interessou-se pelo assunto e acompanhou o pai até o local.

Em um varal que recebia as roupas da casa para enxugarem à luz do sol, aquele senhor pendurou um lençol muito branco. Foi até um quartinho que funcionava como despejo e apanhou um saco de carvão em pedaços. Ofereceu o carvão ao filho, propondo:

- Agora faça o seguinte: imagine que esse lençol branquinho é o seu colega e atire nele com força tantos pedaços de carvão quantos você desejar, até passar a sua raiva. Não se esqueça: atire carvão até a sua raiva passar.

O menino, entusiasmado, com muito prazer, enquanto tinha carvões, atirou-os com toda a força contra o lençol estendido no varal. O pai observava o garoto com um sorriso nos lábios.

A criança toda satisfeita esfregou as mãos e com um sorriso no rosto dirigiu-se ao pai:

- Pronto! Descarreguei minha raiva no lençol, pensando, em cada carvão atirado, naquele chato da escola. O lençol ficou todo sujo, como eu gostaria de ter feito com ele.

O menino esfregou as mãos e depois tentou limpá-las na própria roupa, sempre observado pelo pai.

- Agora, filho, que a sua raiva passou, venha comigo até o espelho do seu quarto.

- Para quê, papai?

- Vamos até lá que quero mostrar-lhe uma coisa.

O menino acompanhou o pai postando-se diante do espelho do quarto, que refletia sua imagem por inteiro.

Estava todo sujo da poeira do carvão que fora tirado do saco e arremessado contra o lençol do varal.

– Está vendo, meu filho? Todo o mal que lançamos contra os outros deixa em nós os resíduos do mal praticado. A poeira fina do carvão que você atirava também ficou em suas mãos, em seu rosto e por toda a sua roupa. Não se faz mal a alguém sem nos sujarmos. O lençol é nosso semelhante, e o carvão é o mal que contra ele arremessamos.

E continuou o pai a explicar, amorosamente:

– Não vale a pena atingir ao próximo, porque também acabamos atingidos da mesma forma.

E abraçando o filho, completou:

– Na sua vida nunca se esqueça do lençol do varal de nossa casa e desses pedaços de carvão, que poderão, um dia, aparecer em suas mãos, convidando-o a arremessá-los contra alguma pessoa.

***

Pois é, meu amigo! O carvão é a "palavra imprópria que sai do nosso coração", a que se referiu Jesus. Os homens do mundo atual cuidam tão bem do corpo, mas vivem atirando carvão na vida dos outros com as atitudes que impropriamente saem do seu coração.

Ensina-nos André Luiz, na página "Pensamento e desobsessão", que os olhos registram impressões, mas podem conservá-las em estudo discreto.

Quantas atitudes de nossos semelhantes que vemos e interpretamos de maneira incorreta? O fato de ver não nos autoriza a passar adiante aquilo que, muitas vezes, parece incorreta, mas assim é por conta de nossa visão distorcida. Esse comportamento caracteriza aquilo que impropriamente deixamos sair de nós.

Continua André Luiz a ensinar que nossos ouvidos, muitas vezes, são forçados a escutar o que lhes afeta a estrutura. Entretanto, não precisamos passar adiante o que eles ouvem, criando a atitude imprópria de deixarmos sair de nós o que prejudica a outrem e, por consequência, prejudica também a nós.

É André Luiz ainda quem ensina que a voz é produzida na laringe sem a necessidade de lançar de si palavras de desgoverno que vão caracterizar aquilo que impropriamente nos sai do coração.

Sobre as mãos e os pés, André lembra que eles são nossos instrumentos de trabalho, obedecendo a nossa vontade, que pode empregá-los no erro ou no acerto, gerando ou não as atitudes impróprias que saiam de nossos corações.

Eis porque Jesus - arremata André Luiz - enunciou há quase vinte séculos: "Não é o que entra pela boca que contamina o homem, mas sim aquilo que, impropriamente, lhe sai do coração".

Vamos, então, desmontar o varal e jogar fora o saco de carvão, para podermos, de maneira útil, continuar a cuidar de nosso corpo sem que de nossos corações saiam, impropriamente, pensamentos e palavras que nos contaminam?

# XXVII

# Escolhas

CASA POBRE, PORÉM, UM LAR HONRADO. As dificuldades eram diversas. Na hora da refeição os problemas apareciam. Aquele dia, entretanto, à mesa se encontrava suculento pedaço de carne que representava uma tentação enorme para os dois irmãos.

O pai, homem instruído pela existência, analisava a atitude dos filhos perante o alimento cobiçado. Os dois irmãos não tiravam os olhos de sobre a carne, que parecia querer fugir dos limites da mesa.

O progenitor tomou de um garfo e da faca bem amolada, dizendo a um dos filhos:

– Tome a faca e o garfo e divida esse saboroso pedaço de carne entre você e seu irmão.

Rapidamente o escolhido partiu de forma desigual aquela iguaria. Surgiram dois pedaços desiguais do alimento. Rapidamente o garoto que tinha cortado a carne avançou sobre o pedaço maior, mas foi impedido pelo braço rápido do pai:

- Calma, meu filho. Pedi para você dividir o alimento, não para escolher o pedaço. Você dividiu como queria, mas quem vai escolher é o seu irmão.

- Se eu soubesse que era ele quem iria escolher, tinha cortado por igual a carne.

- Pois, então, faça sempre isso, sendo justo, porque você nunca sabe, na vida, quem vai escolher primeiro.

A vida é uma sucessão de escolhas certas ou erradas que livremente vamos realizando ao longo da existência. Já parou para refletir como tem sido as suas?

Vejamos: por que Madre Teresa de Calcutá, Chico Xavier, Divaldo Pereira Franco têm desenvolvido obras grandiosas no campo do amor? Será que a hora de Madre Teresa tinha mais do que 60 minutos? Nossa hora terá menos minutos? Ou será que as escolhas da religiosa eram mais sábias?

Todos nós reencarnamos para aprender o que não sabemos e resgatar o que devemos diante da própria consciência. Quem consegue cumprir esses deveres, mesmo que parcialmente, evolui.

Imaginem a seguinte cena:

- Madre Teresa! Há um necessitado batendo à nossa porta - avisa alguém, ouvindo em seguida a resposta: - Agora não posso atender... Estou vendo a novela das seis!

Já imaginaram se ela tivesse escolhido esse comportamento? O que teria sido da sua imensa obra?

Agora vejamos outro exemplo:

- Chico! Temos um desesperado à porta, precisando de auxílio... - anuncia um companheiro do centro espírita.

E ouve como resposta:

- Agora não posso atender. Tenho que ir para casa, porque já são 2 horas da manhã. E preciso assistir ao filme da madrugada que é muito bom!

O que teria sido da obra gigantesca de amor deixada por ele?

Aceita outro exemplo? Então vamos lá.

- Tio Divaldo! - avisa um dos colaboradores da Mansão do Caminho. - Deixaram uma criança abandonada à porta!...

Imaginemos se o devotado médium baiano respondesse:

- Agora não posso socorrê-la. Estou assistindo a uma partida de futebol. O Bahia está em campo!

O que teria sido da vida exemplar do nobre tribuno?

Como dissemos no início, a vida é uma questão de escolhas constantes do que vamos fazer. De que maneira iremos realizar. No que iremos investir.

Com a lâmina podemos criar a faca que tira uma vida. Com a mesma lâmina confeccionamos o bisturi que na mesa de cirurgia salva uma existência. É questão de escolha.

Com o fogo cozinhamos o alimento que sustenta. Com o fogo criamos incêndios criminosos que devastam florestas e vidas dos animais. É questão de escolher.

Com a nitroglicerina abrimos rochas para construir estradas. Ou enchemos um veículo com explosivos que ceifam dezenas e dezenas de existências. É questão de escolha.

Nossa hora tem exatamente o número de minutos da hora ocupada por um grande benfeitor da Humanidade. É questão de escolha em como iremos empregá-la.

Ensina Emmanuel na página que se intitula "Escolhas":

*Com a pedra, tanto se pode ferir ou injuriar quanto edificar ou esculpir.*

*A criatura é livre para usar o fogo de maneiras diversas, como sejam: extinguir o frio, afastar as trevas, preparar o próprio alimento, condicionar a matéria, ou destruir através do incêndio.*

*Da morfina que se extrai, na Terra, o alívio do enfermo, retira-se, igualmente, a dose de veneno sutil que dilapida as energias orgânicas de quem se compraz no abuso de entorpecente.*

*Nas mãos do homem, o dinheiro é trabalho ou inércia dourada, educação ou desequilíbrio, beneficência ou sovinice, bondade ou violência, prosperidade ou penúria.*

*Assim também acontece com os tesouros do tempo, rigorosamente iguais para todas as criaturas, segundo o critério da Eterna Justiça.*

*A hora do chefe e do subordinado, do homem culto e do homem menos culto, da pessoa transitoriamente mais favorecida ou menos favorecida de recursos materiais é matematicamente constituída de 60 minutos.*

*Somar semelhante valor ao bem ou ao mal, melhorando condições ou agravando problemas em nossa própria vida, será sempre questão de atitude pertinente a nós mesmos.*

***

Diante de tudo isso, olhemos neste momento o relógio e analisemos como estamos gastando o nosso tempo.

O pai da nossa história permitiu que um dos filhos cortasse o pedaço de carne sobre a mesa. Entretanto, quem escolheu primeiro foi o outro irmão, aquele que não cortou.

Da mesma forma, dividimos nosso tempo aqui na Terra da maneira que quisermos. Entretanto, quem irá escolher se agimos certo ou errado será a Lei de Deus.

Não será melhor dividirmos direito?

# XXVIII

# Meu próximo

*ENTÃO, UM DOUTOR DA LEI, tendo se levantado, disse-lhe, para o tentar:*

*– Mestre, o que é preciso que eu faça para possuir a vida eterna?*

*Jesus lhe respondeu:*

*– Que é o que está escrito na lei? Que ledes nela?*

*Ele lhe respondeu:*

*– Amareis o Senhor vosso Deus de todo o vosso coração, de toda a vossa alma, de todas as forças e de todo o vosso espírito, e vosso próximo como a vós mesmos.*

*Jesus lhe disse:*

*– Respondestes muito bem; fazei isso e vivereis.*

*Mas esse homem, querendo parecer que era justo, disse a Jesus:*

*– E quem é meu próximo?*

Pois é, meu amigo. Eu ainda não sei quem é o meu próximo. Cheguei a essa conclusão quando analisei determinados acontecimentos da vida comum. Reparto com você a minha frustração.

Quando alguém chega até a minha pessoa e comenta que fulano morreu barbaramente em um acidente, pergunto-lhe quem é fulano? E essa pessoa explica-me que foi alguém que morou em tal rua, em tal bairro, tinha um irmão com um determinado nome, era filho de uma senhora que se chamava fulana de tal. Eu fico pensando, tentando ver se conheço o desencarnado, e concluo que não.

O grave do fato é que, por não tê-lo conhecido, a dor que vitima seus familiares para mim deixa de existir. Não me sensibiliza. Como não conheço, não consigo sofrer aquela dor tão pungente nos familiares que ficaram.

Se alguém se aproxima e comenta que sicrano está com doença muito grave fazendo com que toda a família sofra, fico a pensar em quem é sicrano. "É aquele que mora em tal lugar, perto de tal estabelecimento, que tem tantos filhos, tantos irmãos..." - respondem.

E como não conheço sicrano, a dor dele não existe para mim...

Ainda não aprendi quem é o meu próximo.

Recordo-me da parábola do Bom Samaritano, daquele homem realmente bom que seguia de Jerusalém para Jericó. Diante do seu semelhante semimorto no caminho, sem conhecê-lo, sem nenhuma referência sobre ele, o samaritano para, e, movido pela compaixão de quem conhece o seu próximo, tudo faz para auxiliá-lo.

Sou igual ao sacerdote que passou do outro lado por desconhecer o ferido do caminho.

Sou igual ao levita que também se desviou, por medo de se comprometer.

Ou melhor, pior do que o levita, porque esse não providenciou socorro ao homem caído do caminho por julgá-lo morto. Eu, mesmo sabendo que meu próximo está vivo, não providencio o socorro necessário, principalmente aquele socorro que só depende da minha boa vontade.

Em *O Evangelho segundo o Espiritismo*, capítulo XV, eu tomo ciência da urgência de identificar quem é o nosso próximo. O item 5 ensina o seguinte:

*Caridade e humildade, tal é, pois, o único caminho da salvação; egoísmo e orgulho, tal o da perdição. Este princípio está formulado em termos precisos nestas palavras: "Amareis a Deus de toda a vossa alma e ao vosso próximo como a vós mesmos; toda lei e os profetas estão contidos nesses dois mandamentos".*

E para que não haja mais equívoco, ajunta:

*E eis o segundo mandamento: – "Amareis vosso próximo como a vós mesmos", que é semelhante ao primeiro.*

Quer dizer: não se pode verdadeiramente amar a Deus sem amar ao próximo, nem amar ao próximo sem amar a Deus. Portanto, tudo que se faz contra o próximo, se faz contra Deus.

Se o próximo é a referência para saber se amamos a Deus ou não, precisamos, com urgência, saber quem é esse próximo para não correr o risco de não amá-lo. Para não correr o risco de estarmos causando o mal a esse próximo. Para não correr o risco de estarmos faltando com a caridade e a humildade quando nos relacionamos com o nosso próximo, que é a referência para o cristão avaliar o seu amor a Deus.

Quem é o meu próximo?

Abro a página "Ajudemos sempre", de Emmanuel, e na primeira frase está claro que o próximo a quem devemos prestar imediata assistência é sempre a pessoa que está mais perto de nós. Não importa quem seja, se conhecemos ou não, se é fulano ou sicrano.

Continua a ensinar Emmanuel:

*Em suma, é por todos os modos, a criatura que se avizinha de nossos passos.*

*Se temos pela frente um familiar, auxiliemo-lo com a nossa cooperação ativa.*

*Se somos defrontados por um superior hierárquico, exercitemos o respeito e a boa vontade.*

*Se um subordinado nos procura, ajudemo-lo com atenção e carinho.*

*Se um malfeitor nos visita, pratiquemos a fraternidade, tentando, sem afetação, abrir-lhe rumos novos na direção do bem.*

*Se o doente nos pede socorro, compadeçamo-nos de sua posição, qualquer que ela seja.*

*Um cristão sem atividade no bem é um doente de mau aspecto, pesando na economia da coletividade.*

*Diante, pois, do próximo, que se acerca do teu coração, cada dia, lembra-te sempre de que estás situado na Terra para aprender e auxiliar.*

Como dizer, então, com a consciência em paz, que sei quem é o meu próximo?!

Você sabe quem é o seu?

# XXIX

# Acabou o Natal

> O Natal evoca o Rei Divino descendo à Terra para amar, como uma lição viva e inconfundível de como se devem conduzir os amados que conseguem amá-lo.
>
> **Joanna de Ângelis**

ACABOU O NATAL! Todo ano ele acaba. Nos restos de alimento excessivo que ganham a lata do lixo junto com as garrafas de bebidas vazias, o Natal, todo ano, acaba.

Nas sobras de comida que contêm o sofrimento de milhares de animais que têm a sua vida tomada pela gula do homem. Animais que, perante Deus, são nossos irmãos mais novos e que temem a morte da mesma forma, como a grande maioria dos homens.

Esses mesmos animais, a quem se refere Emmanuel, ensinando que devemos recebê-los com a obrigação sagrada do dever de ampará-los na escala progressiva de suas posições variadas no planeta.

Recomenda-nos o nobre benfeitor que devemos estender a eles a nossa concepção de solidariedade e o nosso coração para compreender mais profundamente os grandes segredos da evolução, entendendo os maravilhosos e doces mistérios da vida. (Emmanuel: *Dissertações mediúnicas*, FEB, 1938, pág. 93).

Nos países nórdicos, em determinada época do ano, o mar cora-se em tom vermelho. Não é uma espécie de alga que dê coloração diferente às águas dos oceanos. É o sangue de golfinhos dóceis que, ingenuamente, procuram o homem para brincar e são arpoados até a morte.

Em seu imortal livro *A insustentável leveza do ser*, o escritor tcheco Milan Kundera faz uma observação muito grave sobre a humanidade. Vale a pena ler, refletir e nunca mais esquecer.

A verdadeira bondade humana só pode se manifestar, em toda sua pureza e liberdade, em benefício de quem não tem poder. O verdadeiro teste moral da humanidade (o mais radical, situado em um nível tão profundo que foge à nossa atenção) está nas relações desta com aqueles que estão à sua mercê: os animais. E aqui encontramos a deficiência fundamental do homem, tão fundamental que todas as outras se originam dela.

Creio que essa colocação será melhor entendida quando na Terra estiver instalado o amor suficiente para que vivamos em um mundo de regeneração.

Todo ano também, com o Natal, a partir do dia 26 de dezembro, acaba o sentimento de solidariedade para com o próximo. Não se vê mais campanha nenhuma de arrecadação de alimentos, de brinquedos ou tudo o mais que traduza o Natal na concepção dos homens.

A partir da manhã que se segue ao dia 25 de dezembro, a dor do outro não alcança mais sintonia com a nossa sensibilidade. Quando as músicas natalinas se emudecem, quando o comércio deixa de abrir as portas em horários especiais, quando os pratos de porcelana fina retornam para o esconderijo do armário, quando os talheres de aço inoxidável e pratarias outras jazem, esquecidos, em estojos de luxo, o Natal acaba. É como se já tivéssemos cumprido a nossa obrigação diária de bons escoteiros pelo restante do ano. Natal? Só no dia 25 do próximo dezembro.

Que tal se os espíritos a quem recorremos constantemente nos amparassem no dia 25 de dezembro de cada ano como se eles fossem o bom Papai Noel? Findo esse dia, os espíritos lavariam as mãos da necessidade de socorrer-nos.

Evidentemente que falamos sobre o Natal dos homens. O Natal de Jesus é muito diferente, como ensina Joanna de Ângelis. O Natal de Jesus, do Rei Divino, é um convite aos que conseguem amá-lo verdadeiramente para que vivam as suas lições.

Se ainda não ficou claro, recordemos um pequeno parágrafo dessa benfeitora:

*Refaze mentalmente, o caminho da esperança cristã, rememora quantas lágrimas estancaste, quantos companheiros soergueste da queda moral lastimável, quantos corações vitalizaste com a fé clara e pura, quantas vezes silenciastes se ultrajado, se perseguido, se instado ao revide, quanto desculpaste reatando liames de afeto com o ofensor, quanto confiaste embora aparentemente perdido, quanto pudeste perseverar nos propósitos sadios, apesar das tentações de toda ordem!...*

*Tens elegido a serenidade como companheira nas horas difíceis, o amor como sustentáculo das tuas aspirações, a caridade como normativa fraternal e a fé como lâmpada sempre acesa no curso das tuas horas?!*

*Esses, os que ensaiam amá-lo, experimentam gáudio pelo seu nascimento, mas não convertem alegria em estroinice nem a gratidão afetuosa em repasto exagerado, motivando desequilíbrios e abusos de variada contextura.*

(*Lampadário espírita,* FEB, 3.ª edição, páginas 139 e 140)

***

Repitamos: os que ensaiam amá-lo não convertem a alegria em estroinice nem a gratidão afetuosa em repasto exagerado, motivando desequilíbrios e abusos de variada contextura. As carnes exóticas dos animais e as bebidas alcoólicas teriam alguma coisa a ver com tais colocações?

No Natal de Jesus só existe um aniversariante que é ele. O Papai Noel dos lares ricos ou remediados não existe. Jesus acompanha nossos filhos para sempre, mas Papai Noel se desfaz quando a realidade da existência nos conduz às portas estreitas e difíceis de serem ultrapassadas.

Como comemorar, então, o Natal de Jesus?

Novamente é Joanna quem ensina:

*Aquieta o turbilhão que te atordoa, e, enquanto se espraiam no ar as sutis vibrações do Natal de Jesus, escuta a voz dos anjos e alça-te dos sítios, onde te demoras, para as culminâncias do amor clarificado de rotas em homenagem ao Governador da Terra.*

*Quando da sua visita, no passado, para que, agora novamente ele te possa visitar, sendo o conviva invisível e presente na formosa festa da paz em que se converterão tuas horas de agora em diante. O Natal é mensagem perene que desceu do Céu para a Terra e que agora em ti se levanta da Terra na direção do Céu.*

Enquanto o outro Natal, o Natal dos homens, que retornará no dia 25 de dezembro próximo te espera, executa o Natal do dia a dia de Jesus para que possamos transformar o outro, o do dia 25 de dezembro do ano em curso, em um dia comum em nossas vidas voltadas para a vivência do amor perene do Natal de sempre, o Natal de Jesus...

# XXX

# Dois momentos

Na estrada de Damasco, perseguidor tenaz dos cristãos, Saulo de Tarso cai de joelhos diante da luminosidade indescritível emanada do Espírito Jesus, perguntando: Senhor, que queres que eu faça?

É interessante relembrar que Saulo não perseguia os cristãos gratuitamente. A palavra máxima até então para os judeus sobre a realidade do mundo espiritual era a de Moisés. Saulo era fiel seguidor dessa Lei.

Quando surgiu Jesus recomendando amar até os inimigos, esse ensinamento se contrapôs violentamente ao "olho por olho, dente por dente" deixado por Moisés.

Quando Jesus apresentou um Deus que era todo Amor, que era nosso Pai, isso se chocou diretamente contra o deus dos exércitos ensinado por Moisés, que enxergava, nos povos que não rezavam pela mesma cartilha, um povo inimigo que podia ser passado a fio de espada.

O choque era muito grande. Saulo, sendo seguidor

dos ensinamentos deixados pelo grande profeta, começou a perseguir os primeiros cristãos por entendê-los como subversores da verdade conhecida pelo povo hebreu.

No entanto, quando vê diante de sua visão espiritual aquele mesmo Jesus que havia sobrevivido à morte pela crucificação, cai por terra e, demonstrando humildade imensa, pergunta o que Jesus queria que ele, Saulo, fizesse.

Saulo desenvolve, então, obra gigantesca na difusão da Boa-Nova, levando a doutrina de Jesus para além do povo judeu, os chamados gentios. Jesus, sabendo dessa integridade moral do moço de Tarso, busca-o na estrada de Damasco, como o vaso escolhido.

Totalmente diferente a atitude do orgulhoso senador romano Públio Lêntulus. Atendendo ao pedido da filha Flávia, vitimada pela lepra, e do coração angustiado e amoroso de sua esposa Lívia, o senador procura Jesus para pedir auxílio. Entretanto, busca-o em surdina, longe de testemunhas, transição do final de tarde e princípio de noite.

O senador de outrora não queria se comprometer perante o mundo. Não sabia, porém, que estava se comprometendo diante da própria consciência. Por isso busca a Jesus em local e hora afastados da multidão para que não houvesse testemunhas. O senador, cheio de honrarias do mundo, não podia associar sua imagem à de um taumaturgo, a quem os mais simples e humildes atribuíam prodígios.

Diante da grandeza moral de Jesus, Públio Lêntulus cai do pedestal dos valores terrestres ajoelhando-se e vertendo lágrimas ardentes, enquanto aquele homem, cujo olhar o fazia estremecer, interroga-o:

- Senador, por que me procuras? Seria melhor que me procurasses publicamente e na hora mais clara do dia, para que pudesses adquirir, de uma só vez e para toda a vida, a lição sublime da fé e da humildade...

Públio Lêntulus só pensa na filha vitimada pela doença incurável, enquanto continua a ouvir de Jesus:

- Sim... Não venho buscar o homem de Estado, superficial e orgulhoso, que só os séculos de sofrimento podem encaminhar ao regaço do meu Pai; venho atender às súplicas de um coração desditoso e oprimido e, ainda assim, meu amigo, não é o teu sentimento que salva a filhinha leprosa e desvalida pela ciência do mundo, porque tens ainda a razão egoística e humana; é, sim, a fé e o amor de tua mulher, porque a fé é divina...

Pois é, meu amigo. Temos descritos dois momentos opostos. Qual tem sido o nosso momento? O de Saulo ou o momento do senador romano?

Porque também realizamos nosso encontro com Jesus por meio daquelas pessoas a quem, de alguma forma, podemos e devemos amar e servir. Sempre que iniciamos um novo ano, se não estivermos embriagados pelas ilusões do *réveillon*, entenderemos que estamos gastando mais uma cota de tempo que a Providência Divina nos proporcionou, por misericórdia, através de uma nova reencarnação.

Falando-nos sobre a preciosidade do tempo, afirma Joanna de Ângelis que, num minuto, a tormenta se acalma, a enfermidade serena, o trabalho surge, a dor passa, o ausente chega, a perseguição cessa, o dinheiro aparece, e a vida muda...

Da mesma forma, continua ela, num minuto apenas a moléstia se instala, a paz íntima se consome, o dinheiro muda de mão, o amor parte, a dor se avizinha, a morte chega, a vida muda...

Como estamos gastando nosso tempo no ano em curso? Qual a proposta para gastá-lo no novo ano que nos aguarda, presumindo que o teremos?

Se o minuto é tão precioso, façamos uma conta: cada ano tem aproximadamente 365 dias. Multiplicados pelo número de horas e de minutos, perfazem 525.600 minutos! O que estamos fazendo deles? O que faremos da nova cota de tempo no ano que virá se não formos convocados ao retorno para a vida espiritual antes? Qual tem sido o nosso momento diante do tempo que passa tão célere?

Sempre diante de um novo dia, lembremos Joanna, quando afirma:

*Num minuto apenas você pode receber a visita do Cristo e modificar o roteiro da existência, eternizando, no precioso escrínio das suas posses, essa joia invulgar que não volta jamais com o mesmo valor: o minuto!*

Qual tem sido o nosso momento? O de Saulo na estrada de Damasco ou o do senador romano na rua vazia e no tempo sem testemunhas, a não ser a própria consciência?

# XXXI

# Aprendendo a dividir

VOCÊ SABE DIVIDIR? SABE MESMO? Vamos ver. Quanto é quatro dividido por dois? Fácil, não é? E um milhão dividido por vinte? Continua mais ou menos fácil. Um pouco mais de apelo para a memória e teremos o resultado. Quando muito, passamos as mãos na calculadora e eis o resultado de uma forma exata.

Mas a divisão que propomos não é essa tão fácil assim. Falamos de outro cálculo. Suponhamos que num mesmo lote, em um pequeno pomar, existam um pé de manga, outro de goiaba e, finalmente, um de caju. Você, por acaso, veria o pé de manga tirar do solo mais do que ele precisa para sobreviver?

Você veria as raízes do pé de caju buscar as raízes dos outros dois pés de frutas para arrancar-lhes do solo e ficar sozinho no terreno? Será que, alguma vez, encontraríamos o pé de manga tentando tampar o sol para que os outros vegetais não pudessem se beneficiar da luz do astro-rei? É evidente que não, não é mesmo? Cada planta retira do solo onde vive a quantia exata do que tem necessidade para continuar a viver.

Adiantaria alguém respirar mais profundamente e mais vezes para retirar do ar que respiramos uma quantidade maior de oxigênio do que o vizinho? É claro que não, porque os nossos pulmões só utilizam a quantia exata que consegue cada vez que o ar neles entra.

Emmanuel propõe, em uma página intitulada "Aprendamos a dividir", os seguintes ensinamentos:

*Observemos a natureza.*

*O sol divide com a Terra os seus raios de amor, e a Terra lhe entesoura a energia, em favor do progresso das criaturas.*

*A fonte divide as águas, auxiliando a vegetação que, mais tarde, a protege.*

*A árvore divide os frutos com os homens e os homens lhe estendem a espécie, através do espaço e do tempo.*

*As flores dividem o próprio néctar com as abelhas, e as abelhas lhes garantem abençoada fecundação.*

*Tuas horas e tuas forças, conhecimentos e recursos, quaisquer que sejam, são concessões do Todo-Compassivo em tuas mãos, que pode repartir com o próximo, a benefício de ti mesmo.*

*Auxiliar alguém é fazer o investimento da verdadeira alegria e toda alegria no exercício do bem é dom de vida e luz que nos aproxima de Deus.*

*Aprendamos a dividir os depósitos do Senhor, enquanto é hoje, a fim de que o Amparo Divino mais intensamente nos envolva, enriquecendo-nos o Espírito para que venhamos a receber com os outros e pelos outros a nossa perfeita felicidade de amanhã.*

Como isso é difícil, não é? Quando se fala em dinheiro, em posses materiais, em posições importantes na sociedade, em títulos de enobrecimento do mundo, como radicalizamos posição e nos defendemos como se fôssemos animais acuados de morte!

Quando Jesus visitava a aldeia de Betânia onde morava Lázaro, o redivivo, retirado do estado de morte aparente (catalepsia) por Jesus, e suas irmãs, Maria e Marta, o Mestre nos fala da importância da aquisição dos bens espirituais e esquecimento dos valores materiais.

Estando ele no interior da casa dos três irmãos, Marta fica preocupada com os afazeres da casa não prestando atenção aos ensinamentos dele. Maria, por sua vez, dedica-se a ouvir Jesus. Marta vendo que a irmã não a auxiliava nos deveres domésticos, interpela o Senhor dizendo: "Senhor, a ti não importa que minha irmã me deixe assim sozinha a fazer o serviço? Dize-lhe, pois, que me ajude."

Atentemos para a resposta dele: "Marta, Marta, tu te inquietas e te agitas por muitas coisas; no entanto, pouca coisa é necessária, até mesmo uma só. Maria, com efeito, escolheu a melhor parte, que não lhe será tirada." (Luc. 10:38-42).

Eis aí a advertência de Jesus sobre os valores do mundo, sobre as nossas preocupações com as coisas do mundo.

Estaremos nós, como Marta, preocupados com os valores materiais ou estaremos nos comportando como Maria, que atentava para os ensinamentos de Jesus, sem se preocupar com os afazeres domésticos que podiam esperar?

Quem já viu dinheiro em um caixão no velório? E títulos de propriedade? E cargos importantes, perante os homens, são levados por aqueles que partem?

Francisco de Assis pediu, quando pressentiu a própria desencarnação, que o colocassem nu sobre o solo porque queria partir do mundo exatamente como viera. Sem nada. Somente com os bens incorporados em sua alma grandiosa de tanto doar. Doar até doer, como ensinava Madre Teresa de Calcutá. Quantos homens não passam a vida colecionando valores que serão barrados pela alfândega do túmulo!

É dessa divisão que falávamos no início. Sabemos fazê-la? Nenhuma máquina inventada pela inteligência humana é capaz de realizá-la, porque essa divisão é realizada no interior de cada um de nós.

Dividir nossa alegria com a tristeza alheia para que essa tristeza doa menos.

Dividir nosso tempo com a solidão alheia para que essa solidão seja menos doída.

Dividir a alegria de ter um lar com aqueles que jazem esquecidos sobre as sarjetas para que o chão não seja tão frio.

Dividir a saúde do corpo que nos abençoa a existência na Terra com os doentes, para que eles sejam mais sãos na alma.

Essa foi a divisão ensinada e vivenciada por Jesus. Dividir o agasalho que sobra no armário, dividir o alimento que não nos faz falta, dividir o sapato esquecido no criado-mudo são divisões importantes, mas muito fáceis de serem praticadas.

O difícil é dividir-se para que os outros sejam mais mesmo que nos sobre menos. Mais felizes, menos solitários, menos tristes, menos esquecidos, menos ausentes de nossas vidas.

Você sabe fazer essa divisão?

# XXXII

# O presente

UM JOVEM E EMPOLGADO SAMURAI ficou conhecido por sua habilidade em matar seus adversários com golpes certeiros de sua espada. Usava esse jovem um recurso desonesto.

Provocava intensamente suas vítimas levando-as ao desequilíbrio através do nervosismo extremo que ele conseguia implantar nelas. Quando o oponente desequilibrado pelas provocações tentava feri-lo, o poderoso samurai desferia seu golpe mortal.

A fama foi crescendo de maneira intensa levando-o a desafiar um velho lutador da região que havia sido seu antigo mestre. A comunidade ficou em grande agitação esperando que o samurai idoso não fosse aceitar o convite.

Para surpresa de todos, entretanto, o lutador antigo aceitou o desafio em praça pública. Compareceu uma grande multidão, contando que iria assistir à morte do velho professor.

O lutador jovem, orgulhoso e convicto de suas técnicas infalíveis de luta, surgiu soberbo em uma das extremidades do local destinado ao combate.

No outro extremo localizava-se o antigo professor, de feições muito calmas, portando nas costas a espada característica desse tipo de combate, sem, no entanto, empunhá-la entre as mãos.

O jovem, ao contrário, realizava movimentos extremamente rápidos e eficientes com a sua arma, como que sinalizando, por antecedência, a sua vitória.

Os presentes silenciaram e a voz do moço desafiante começou a lançar no ar as costumeiras provocações que visavam desequilibrar o oponente.

– E então, velho, pronto para morrer? As suas dores reumáticas encontrarão hoje a solução na ponta da minha espada. Por acaso você tem alguma ilusão sobre a possibilidade de uma vitória? Sou jovem. Tenho a força e a agilidade que o seu corpo cansado já não possui mais. A sua catarata permite que me enxergue por inteiro ou para você sou apenas um vulto muito apagado? Como pretende me golpear se não suporta o peso da própria arma? Pretende morrer em público para que no seu velório tenha mais gente? O que acha do seu atrevimento em aceitar esse desafio? Não conhece a minha fama de matador rápido? Como pretende com a sua velhice defender-se ou pretender me atacar? Estaria o antigo professor com demência senil a ponto de não entender a diferença que existe entre nós? Está debochando da minha juventude e força? Não se importa em morrer por que a vida não precisa mais de você? Ou será que eu sou a chave da libertação de sua vida que não serve mais para nada?

Ainda por vários minutos mais o jovem samurai tentou levar o antigo mestre a cometer o mesmo erro dos adversários que havia vencido, levando-o ao desequilíbrio e ao ataque, o que permitiria o golpe certeiro no velho samurai.

Entretanto, ele, o velho, permaneceu tranquilo diante de todas as provocações. Poder-se-ia dizer que nem um piscar de olhos esboçou diante de todas as provocações e ofensas recebidas do ex-aluno. Muito menos empunhou a sua espada. A vitória que o velho professor buscava era outra.

Desanimado, o jovem matador colocou a espada na bainha e partiu fracassado. Os presentes acercaram-se do professor, indagando por que não reagira à grande quantidade de insultos recebidos.

O velho samurai, com a mesma calma que mantivera até então, respondeu:

- Quando alguém lhe traz um presente e você não o recebe, com quem fica esse presente?

Uma das pessoas respondeu por todos:

- Com a pessoa que trouxe o presente, professor.

- Pois então... - respondeu o experiente samurai. - Nosso amigo trouxe-me vários "presentes" nas provocações que disparou de sua língua afiada, mais afiada do que a sua própria espada. Como não abriguei nenhum em meu coração, só restou a ele levar esses "presentes" de volta, intoxicando-se com o mal que neles existiam. Continuo tranquilo e sem enfermidades em minha alma. Continuo mergulhado na paz que soube cultivar, enquanto o nosso amigo partiu enfermo diante de si mesmo.

Quantos "presentes" temos recebido da vida? Quantos temos aceito? Quantas vezes temos revidado o golpe mortal da existência em forma de enfermidades, desassossego, intranquilidade, angústias e desespero?

Ensina-nos Emmanuel, em uma página intitulada "Ressentimento", o seguinte:

*O ressentimento não é somente um peso morto, à feição de chumbo na flama alígera (ligeira) de nossa prece, compelindo-a a descer, anulada, nas sombras da frustração, e, em verdade, nem é apenas o tóxico que envenena a membrana gástrica, provocando moléstias de abordagem difícil...*

*É também o fermento da treva que, a exteriorizar-se de melindres inconsequentes, avança qual projétil invisível sobre companheiros invigilantes, debuxando (esboçando) as linhas de lama em que a maledicência e a calúnia proliferam sem peias (impedimentos), ferindo almas e consciências, tanto quanto depredando ou destruindo instituições generosas e veneráveis que nos rogam compreensão e devotamento a fim* de *que produzam redenção e progresso no campo da Humanidade.*

*Cada vez que o desgosto te bata à porta, aprende a esquecê-lo com toda a calma.*

*Lembra-te de que somos devedores insolventes da Tolerância Divina e que, por isso mesmo, em nossas imperfeições e fraquezas, não prescindimos da caridade recíproca, a fim de que nos mantenhamos de pé.*

*Jamais olvidemos quão profunda é a nossa dificuldade para retificar em nós mesmos as qualidades, nos outros, que a nós desagradam, e banhemos o pensamento no grande amor, para que a fraternidade real nos abençoe o caminho.*

*Seja qual for o grau da ofensa recebida, não te esqueças de que somente a fonte do perdão irrestrito possui bastante poder para extinguir o lodo da miséria e da ignorância, porquanto, pretendendo fazer justiça, com a força das próprias mãos, invariavelmente caímos na delinquência e no desespero que nos agravam a detenção nas cadeias do crime ou nas algemas da crueldade.*

Depois desses ensinamentos de Emmanuel precisamos refletir se deixamos os "presentes", que não nos convém receber, com quem os trouxe, ou se abrigamos dentro de nós o mal que esses "presentes" representam.

Na condição de espíritas, qual será a nossa atitude: a do jovem samurai ou a do sábio samurai idoso?

# XXXIII

# O trabalho como remédio

O QUE LEMBRA PARA VOCÊ O DIA 11 de setembro de 2001? O nome World Trade Center ajuda na lembrança? Pois é. Quando tantas pessoas eram vítimas do atentado terrorista causando dores enormes nos familiares, estávamos seguros na nossa rotina de trabalho ou em nossos lares. Não é mesmo?

Nesse dia, um casal norte-americano estava no Sul da França. Eles comemoravam o sexagésimo aniversário do senhor Steve Alderman. De repente, uma lojista correu até eles e anunciou: O país de vocês foi atacado! O Word Trade Center, um dos grandes orgulhos dos americanos vinha abaixo, ceifando milhares de vidas.

Liz (era o nome dela) e Steve tinham três filhos. Uma jovem e dois rapazes. Um deles, Peter, de 25 anos, encontrava-se naquele local, mais precisamente em um restaurante denominado Windows on the World, quando um dos aviões chocou-se logo abaixo. Sua irmã recebia precisamente às 9h25 o seguinte e-mail dele, aliás, o último: "Estamos presos. A sala está se enchendo de fumaça. Estou apavorado."

O casal Liz e Steve mergulhou numa depressão muito grande. Ele, médico oncologista, e ela, dedicada à pintura. Pararam com tudo. Mal saíam da cama na tentativa de sair da vida.

Entretanto, em uma noite de 2002, assistindo a um programa de televisão, Liz tomou conhecimento de que um bilhão de pessoas no mundo sofria tormentos emocionais provocados por desastres naturais e a violência em massa. Desse total de um bilhão de pessoas, dois terços, ou seja, quase setecentos milhões de pessoas no mundo desenvolviam depressão e outros problemas psicológicos incapacitantes.

Liz pensou assim: eu e meu marido podemos pagar para nos tratarmos com psicólogos, mas essas pessoas não têm esse recurso. Resolveu homenagear Peter, o filho que havia morrido no atentado do World Trade Center, auxiliando a essas pessoas.

Pensou e fez. Utilizando parte da indenização que receberam pela morte de Peter - 1,4 milhão de dólares —, Liz começou a treinar médicos e enfermeiras dos países envolvidos com catástrofes para auxiliarem as pessoas traumatizadas e que não dispunham de recursos para o tratamento necessário.

Seu empreendimento vitorioso trouxe o casal de volta à vida. É Liz quem afirma: A natureza do trabalho me deu razões para me levantar da cama todo dia. Achava que nunca mais me sentiria contente com o que quer que fosse. Agora me sinto muito contente com as pessoas que entraram na minha vida e com aquelas que estamos conhecendo pelo caminho.

Viram só? Saiu do refúgio da dor íntima intensa e, através do trabalho proporcionado em socorro às vítimas de outros locais do mundo, encontraram a cura para ambos.

Joanna de Ângelis é quem ensina sobre o trabalho:

*O trabalho se apresenta como o meio próprio para o cometimento (autorrealização), ao lado, é certo, da viagem interior. O trabalho externo é realizado no tempo horizontal, nas horas convencionais dedicadas à atividade para aquisição dos recursos de manutenção da existência corporal, no qual se investem as conquistas da inteligência, da razão e da força, a resistência orgânica. Ao lado dele outros surgem, que passam a utilizar-se do tempo vertical, que é ilimitado, porque caracterizado como de natureza interna.*

Continua Joanna:

*O trabalho de qualquer natureza, quando enobrecido pelos sentimentos, é o amor em atividade. O horizontal mantém o corpo, o vertical sustenta a vida. Pode ser realizado com caráter beneficente, sem remuneração habitual ou mesmo da gratidão, da simpatia, feito com abnegação, em cujo tempo de execução o ser se encontra consigo próprio e desenvolve os valores reais do Espírito, compreendendo que servir é a meta existencial, e amar é dever de liberação do ego em constante transformação.*

O casal, que tinha recursos para se servir da Medicina da Terra para procurar forças diante da perda do filho Peter, aliou a Medicina da alma através do trabalho que decidiu realizar em favor de uma população de um bilhão de pessoas que, no mundo inteiro, traziam problemas emocionais sem recursos financeiros para um tratamento adequado.

Dessa forma, mergulharam no trabalho vertical de que nos fala Joanna de Ângelis. Com ele tiveram suas vidas sustentadas. Quanto mais investiam para suavizar o tratamento alheio, mais curavam a si mesmos.

Como nos ensina o ditado: quem é solidário não é solitário. E, não ficando solitário, lançamos mão de uma arma poderosa contra a depressão e, por extensão, contra a ideia do suicídio e das companhias espirituais negativas que nos assediam através das brechas mentais que abrimos.

O casal Liz e Steve Alderman teve o laço afetivo aparente rompido com o filho Peter, mas ganhou um milhão de laços afetivos conquistados no trabalho do bem que foi a medicação definitiva de que necessitava.

Você já fez algum trabalho vertical no dia de hoje?

# XXXIV

# O Natal de Lin Meiyun

> O perdão para as faltas alheias luariza a paisagem íntima, clareando as sombras da angústia insistente que bloqueia a alegria de viver, produzindo sofrimentos injustificáveis.
>
> **Joanna de Ângelis**

O NATAL DO ANO 2000 DE Lin Meiyun seria o pior possível. A dor da perda de um filho, a maior das dores, visitaria o coração dessa mãe quando o telefone de sua casa tocou incessantemente na manhã do dia 25 de dezembro para anunciar que seu filho único, Teng De, de 17 anos, havia sido assassinado em uma briga de adolescentes.

Lin passou a cultivar um ódio mortal contra o assassino, Yang, um jovem com idade inferior à do seu filho, e também contra os pais dele. Chegou a ir armada com uma faca ao tribunal com o firme desejo de tirar a vida de Yang, da mesma forma como Teng De havia morrido.

No culto ao seu ódio, passou a seguir os pais do jovem delinquente. Numa das ruas da cidade com intenso movimento, Lin Meiyun descobriu que eles eram pobres como ela. Vendiam magnólias por entre os carros. O pai de Yang, com uma das mãos amputadas, utilizava a outra para fazer o troco.

Quase dois anos depois, esse casal foi até a casa dela e, ajoelhados, pediram perdão pelo que o filho fizera.

Certa noite ela sonhou com o filho Teng De dizendo-lhe:

- Mamãe, estou bem! Não fique mais preocupada comigo. Viver com ódio dentro de você faz mal à sua saúde. Por favor, cuide-se, por mim.

Lin Meiyun não era espírita. Nem sei se em Taiwan se sabe o que seja doutrina espírita, mas o Amor é lei do Universo, não importando as barreiras geográficas, étnicas, religiosas ou de que outras mais possa se valer o homem para se separar.

Aquele coração que odiava profundamente tomou uma decisão no dia 21 de junho de 2004 que está relatada na revista Seleções do *Reader's Digest*, edição de setembro de 2011, página 153, que passaremos a reproduzir:

"A garoa incessante do lado de fora da Escola Secundária de Correção Ming Yang deixa a sala de recepção ainda mais fria e vazia. Lin Meiyun está sentada à espera numa das extremidades da mesa comprida.

O silêncio da sala do centro de detenção juvenil de Taiwan é ampliado pelo som das batidas do seu coração. Lin diz a si mesma: Calma. Não importa o que acontecer, não se irrite.

Finalmente, a porta se abre. Surge um adolescente escoltado por um conselheiro. Ele se chama Yang. O menino magricelo que ela vira anos atrás se transformara num rapaz alto. O ar tímido e sincero no rosto faz lembrar o do seu filho único, Teng De.

Ao ver o rapaz à sua frente, as lágrimas se acumulam nos olhos de Lin. Foi essa pessoa que, três anos atrás, matou seu filho com uma facada no peito. Não há troca de palavras; os dois se fitam em silêncio, as emoções congeladas no ar frio.

Yang rompe o silêncio e gagueja: - Senhora You - é o sobrenome de casada de Lin. Com lágrimas correndo pelo rosto, ele continua: - Posso abraçar a senhora?

Lin faz que sim. Yang a abraça com força, e as emoções refreadas dão lugar a soluços incontroláveis.

- Sinto muito. Eu errei. Sinto muito! - repete Yang várias vezes. As palavras soltam as correntes de ódio e sofrimento que prenderam por tanto tempo o coração de Lin. Naquele mesmo instante, a sua alma algemada se liberta."

Quando o jovem delinquente ganhou a liberdade condicional, Lin dispensou-o de trabalhar para pagar a indenização que o Tribunal ordenara. Preferiu que ele voltasse à escola. Disse mais essa nobre senhora: "Não me arrependo de ter escolhido o perdão. Perdi meu filho, mas não quero que o meu ódio faça com que outra criança ferida pela culpa se perca."

O Natal de 2004 para Lin Meiyun foi totalmente diferente dos outros anos. Podemos dizer que naquele ano o Natal realmente renasceu em seu coração. Que não fosse feliz diante da perda que sofrera, mas entrara na posse da paz que ela própria se conferira optando pelo perdão do jovem algoz de seu filho.

Ensina Joanna de Ângelis que o ato de perdoar não leva, necessariamente, à ideia de anuência com aquilo que fere o estatuto legal e o código moral da vida, mas proporciona a compreensão exata da dimensão do gravame e dos comportamentos a serem adotados para que ele desapareça, devolvendo à vida a harmonia que foi perturbada com aquela atitude.

Felizmente não passamos pela dor semelhante à de Lin Meiyun. Entretanto, que temos anotado em nossa consciência para que o nosso Natal seja engrandecido com uma atitude cristã de tal beleza?

# Bibliografia


ALVES, Rubem. *O Deus que conheço.* 1ª ed. Campinas-SP. Verus Editora, 2010.

LIN, Leslie. Um ato imprevisível. *Seleções Reader´s Digest.* Rio de Janeiro-RJ. Reader's Digest Brasil, pp. 153-157, set. 2011.

FRANCO, Divaldo Pereira. Joanna de Ângelis (espírito). *Messe de Amor.* 4ª ed. Salvador-BA. LEAL, 1984.

______. *O homem integral.* 2ª ed. Salvador-BA. LEAL, 1991.

______. *Vida: desafios e soluções.* 8ª ed. Salvador-BA. LEAL, 2006.

KARDEC, Allan. *O Céu e o Inferno.* 23ª ed. Rio de Janeiro-RJ. FEB, 1976.

XAVIER, C. Francisco. Emmanuel (espírito). *Caminho, verdade e vida.* 9ª ed. Rio de Janeiro-RJ. FEB, 1981.

______. *Fonte viva.* 29ª ed. Rio de Janeiro-RJ. FEB, 2003.

______. *Segue-me!...* 11ª ed. Matão-SP. O Clarim, 2010.

______. *Rumo certo.* 3ª ed. Rio de Janeiro-RJ. FEB, 1982.

# Conheça do mesmo autor:

### O amor pelos animais

• Doutrinário • 14x21 cm • 176 pp.

Aborda o intrigante assunto da alma dos animais, com esclarecimentos valiosos sobre diversos temas relacionados, mostrando a grandeza da criação divina, onde tudo tem o objetivo de evoluir. Apresenta ainda exemplos tirados do relacionamento de pessoas como Chico Xavier e Cairbar Schutel com os animais.

### Mãe, estou aqui!

• Romance espírita • 14x21 cm • 200 pp.

Apresenta o comovente drama vivido por Lúcia, que se vê separada do filho Júlio, morto com apenas dez anos de idade. A partir desse episódio, a mãe se recusa a aceitar a possibilidade do socorro espírita, mas os acontecimentos da vida vão guardando provas que serão apresentadas no momento apropriado.

### Enquanto temos tempo

• Contos espíritas • 14x21 cm • 176 pp.

Frequentemente alegamos pouco tempo para realizar tudo o que queremos.
Estamos, porém, despertos para a maior necessidade das nossas vidas, que é conquistar verdadeiros valores espirituais? O autor traz histórias e textos inspiradores, provocando reflexões sobre as nossas atitudes, enquanto temos tempo.

# Conheça do mesmo autor:

## Bom dia mesmo!

• Contos e crônicas espíritas • 14x21 cm • 208 pp.

Nesses contos o médico Dr. Ricardo Orestes Forni revive as gostosas lições à semelhança das deixadas pelo querido Wallace Leal Rodrigues no seu *E, para o resto da vida...* Histórias onde a mensagem do Mestre refulge límpida como as águas da cachoeira e enche nossos corações com um otimismo só conhecido pelos que compreendem a alegria de amar.

## Reconcilia-te primeiro

• Romance espírita • 14x21 cm • 208 pp.

Esse romance nos auxilia não somente na preparação para a vida física, mas também para a evolução do Espírito após a jornada terrestre. É uma exposição válida, que recomendamos, pois que assentada suas afirmações e descrições sobre os ensinamentos da doutrina espírita...

Oswaldo Cordeiro, de Mirassol (SP).

## Sempre existirá esperança

• Contos e crônicas • 14x21 cm • 192 p.

Utilizando-se de belas figuras de linguagem, o autor reforça a nossa convicção de que... embora ainda sejam pesados os compromissos de cada um com a própria consciência; devemos cultivar, no coração, esta companheira inseparável, ...que torna mais leve o fardo dos compromissos assumidos. Enfim, devemos conservar essa amiga de todas as horas - a Esperança.

# Conheça também:

## Liberte-se da ansiedade

Severino Barbosa

• Autoajuda • 14x21 cm • 112 pp.

A ansiedade, aquela que deixa nossas mãos suando, que faz o coração disparar e quase sair pela boca, que tira o sono e traz complicações gástricas, não é nada normal. É um mal que perturba milhões de pessoas no mundo todo. Não é o mal deste século; mas de todos os séculos. Suas raízes estão no Espírito e é nele que se deve aplicar o antídoto.

## O valor terapêutico do perdão

Francisco Cajazeiras

• Autoajuda • 14x21 cm • 128 pp.

Demonstra que a proposta de Jesus para o perdão incondicional não se restringe apenas à ordem ético-religiosa, não direciona suas investidas unicamente no terreno filosófico, mas abrange todas as áreas do conhecimento humano. O objetivo da obra é o de aliar os avanços da pesquisa científica à ação de perdoar, compondo-se assim uma espécie de terapêutica, apropriada à nossa saúde não apenas espiritual ou social, mas também mental e orgânica.

## Mensagens de saúde espiritual

Wilson Garcia

• Mensagem/autoajuda • 10x14 cm • 124 pp.

(...) estava eu hospitalizado na expectativa de que, finalmente, as enfermeiras me levassem à sala de cirurgia cardíaca. Minha fé na Espiritualidade Superior era inabalável, mas, devo dizer, a leitura (e releitura) do livro de bolso "Mensagens de Saúde Espiritual" muito me ajudou na sustentação do nível vibratório elevado. Abençoadas mensagens! Toda pessoa, sã ou enferma, do corpo ou da alma, devia ter esse livreto luminoso à cabeceira e ler uma mensagem por noite. Correspondência (1994) e indicação do jornalista e médium Jorge Rizzini.